克里斯多娃

Julia Kristeva

羅婷◎著

出版緣起

　　二十世紀尤其是戰後，是西方思想界豐富多變的時期，標誌人類文明的進化發展，其對於我們應該具有相當程度的啓蒙作用；抓住當代西方思想的演變脈絡以及核心內容，應該是昂揚我們當代意識的重要工作。孟樊教授和浙江大學楊大春教授基於這樣的一種體認，決定企劃一套「當代大師系列」。

　　從一九八〇年代以來，台灣知識界相當努力地引介「近代」和「現代」的思想家，對於知識分子和一般民眾起了相當程度的啓蒙作用。

　　這套「當代大師系列」的企劃以及落實出版，承繼了先前知識界的努力基礎，希望能藉這一系列的入門性介紹書，再掀起知識啓蒙的

熱潮。

　　孟樊與楊大春兩位教授在一股知識熱忱的驅動下，花了不少時間，謹慎地挑選當代思想家，排列了出版的先後順序，並且很快獲得生智文化事業公司葉忠賢先生的支持，因而能夠順利出版此系列叢書。

　　本系列叢書的作者網羅有兩岸學者專家以及海內外華人，爲華人學界的合作樹立了典範。

　　此一系列書的企劃編輯原則如下：

1. 每書字數大約在七、八萬字左右，對每位思想家的思想進行有系統、分章節的評介。字數的限定主要是因爲這套書是介紹性質的書，而且爲了讓讀者能方便攜帶閱讀，提升我們社會的閱讀氣氛水準。

2. 這套書名爲「當代大師系列」，其中所謂「大師」是指開創一代學派或具有承先啟後歷史意涵的思想家，以及思想理

並且具有非常豐富的文化出版經驗以及學術
功力,著有《台灣文學輕批評》(揚智文化公
司出版)、《當代台灣新詩理論》(揚智文化公
司出版)、《大法官會議研究》等著作,現任教
於佛光大學文學所;楊大春教授是浙江杭州大
學哲學博士,目前任教於浙江大學哲學系,專
長西方當代哲學,著有《解構理論》(揚智文
化公司出版)、《德希達》(生智文化公司出版
)、《後結構主義》(揚智文化公司出版)等書;
筆者本人目前任教於政治大學東亞所,著有
《馬克思社會衝突論》、《晚期馬克思主義》
(揚智文化公司出版)、《中國大陸學》(揚智
文化公司出版)、《中共研究方法論》(揚智文
化公司出版)等書;陳學明是復旦大學哲學系
教授、中國國外馬克思主義研究會副會長,著
有《現代資本主義的命運》、《哈伯瑪斯「晚期
資本主義論」述評》、《性革命》(揚智文化公
司出版)、《新左派》(揚智文化公司出版)等
書;龍協濤教授現任北京大學學報編審及主
任,並任北大中文系教授,專長比較文學及接

受美學理論，著有《讀者反應理論》（揚智文
化公司出版）等書；曹順慶教授現為四川大學
文學與新聞學院院長，專長為比較文學及中西
文論，曾為美國哈佛大學訪問學人、南華大學
及佛光大學文學所客座教授，著有《中西比較
詩學》等書。

　　這套書的問世最重要的還是因為獲得生
智文化事業公司總經理葉忠賢先生的支持，我
們非常感謝他對思想啟蒙工作所作出的貢
獻。還望社會各界惠予批評指正。

李英明
序於台北

年以來,幾乎她的所有著述都被譯成英文,其
中大部分由美國哥倫比亞大學出版社出版。托
里‧莫娃(Toril Moi)編輯的《克里斯多娃讀
者》(*A Kristeva Reader*, 1986)和凱麗‧奧利
佛(kelly Oliver)編輯的《克里斯多娃文集》
(*The Portable Kristeva*, 1997),是兩部有關
克里斯多娃本人所寫的重要論文集,並都附有
編者的介紹和導讀,便於讀者快速,且較全面
地瞭解她的主要理論思想。與此同時,克里斯
多娃的批評理論日益受到西方學術界的關
注,尤其是她的詩性話語、女性主義詩學和精
神分析方法。有關她學術思想的研究文章和專
著不斷湧現,其中最主要的論著有:澳大利亞
學者約翰‧里奇特(John Lechte)的《克里斯
多娃》(*Julia Kristeva*, 1990),A‧E‧班傑明
(A. E. Benjamin)和約翰‧佛萊徹(John
Fletcher)合編的《卑賤、憂鬱和愛情:克里
斯多娃的著作》(*Abjection, Melancholia and
Love: The Works of Julia Kristeva*, 1990),大
衛‧多恩菲爾德(David Drownfield)的《克

里斯多娃著作中的軀體／文本：宗教、婦女和精神分析》（*Body/Text in Julia Kristeva: Religion, Women and Psychoanalysis*, 1992），凱麗·奧立佛的《克里斯多娃著作中的倫理、政治和差異》（*Ethics, Politics, and Difference in Julia Kristeva*, 1993）以及安娜·史密斯（Anna Smith）的《克里斯多娃——放逐與疏離的閱讀》（*Julia Kristeva-Readings of Exile and Estrangement*, 1996）等著作，顯示了克里斯多娃在西方學術界的重要地位和影響。

然而，在巴特、德希達、拉岡等大師的名字日益爲大陸、台港學者所熟知的時候，已占據西方學術界一席之地的克里斯多娃卻鮮爲人知。迄今爲止，大陸只翻譯出版了她的兩部著作：《愛情傳奇》（華夏出版社，1992 年）和《恐怖的權力》（三聯書店，2001 年）。除了史忠義先生在《20 世紀法國小說詩學》中對她的對話原則與文本理論作了一定的闡述、李幼蒸先生在《理論符號學導論》一書中對她的符號學理論作了一些探討以及我本人

發表的《邊緣與顛覆：克里斯多娃的女性主義
詩學》（《外國文學評論》2001 年 3 期）等幾
篇文章以外，在大陸的克里斯多娃研究是一塊
急需填補的空缺之地。

今年一月底，曹師順慶教授從台灣講學回
到四川大學，他受台灣《當代大師系列》叢書
編委孟樊先生的委託，幫助負責《克里斯多
娃》、《昆德拉》等幾本書的約稿，曹教授很快
就想到要我寫《克里斯多娃》一書。在我前幾
年的女性主義文學研究中，我對她雖略有所
知，但侷限於她的記號話語理論，一直把她視
爲一個純正的女性主義者。殊不知，她是一位
涉獵面如此廣泛，批評視野如此多變的理論大
師。接到這一寫作任務後，我遇到了幾件棘手
的事情。首先苦於蒐集她的研究資料，因爲在
大陸內地的高等學校英文藏書相當有限。幸
好，二月底我的研究生李愛雲女士上北京爲撰
寫她的碩士畢業論文蒐集資料，我便委託她把
在京城能找到的有關克里斯多娃本人所寫以
及別人研究她的所有英文版著作都印下來。她

在中國社會科學院外文所吳岳添研究員的幫
助下，終於背著一箱重重的書籍，高興地來見
我。另外，我還得到香港知名學者黃維教授和
在加拿大渥太華大學訪學的文衛平教授的幫
助，是他們幫我蒐集了在大陸無法找到的一些
重要資料；其次，在寫作的過程中，我發現克
里斯多娃的知識容量太廣，常被她艱深的理論
和術語弄得頭暈目眩。恰好在今年上半年，曹
順慶教授爲我們博士生開設了「西方 20 世紀
文學理論」這門課程，他對現象學、符號學、
結構主義、解構主義等理論的精彩講解以及課
堂上的熱烈討論，使我受益匪淺，爲我進行克
里斯多娃的詩學研究作了知識的鋪墊。

　　十個月來，克里斯多娃幾乎占據了我的整
個思度空間。我越往下讀，就越對她的著作感
興趣；我越往下寫，就越意識到她在學術界的
重要性。今年五月下旬，我冒昧給她寫了一封
信，談了我對她的研究情況。六月十日我驚喜
地收到了她發給我的電子信件，她很高興得知
我對她的研究，並熱情歡迎我今後去巴黎與她

面談。七月十日我又收到了她寄來的 2001 年
法文版《中國婦女》一書。至此，我對這位當
代學術大師和中國文化的推崇者，不禁懷有深
深的敬意，同時認識到要讓更多中國學人瞭解
她的必要性。《克里斯多娃》這本書，權且是
拋磚引玉，希望在不久的將來，有更詳細、更
深刻的克里斯多娃專著問世。

　　在本書的寫作過程中，我得到了克里斯多
娃本人，以及曹順慶教授、蔣曉麗教授、黃維
　教授、吳岳添研究員、文衛平教授、劉榮博
士等導師和學友的指導和幫助，得到了《當代
大師系列》叢書編委孟樊先生，以及負責人葉
忠賢先生等人的關心，還得到了我的家人，尤
其是婆婆、先生和兒子的鼎力支援。在此，一
併致謝。

羅婷
於四川大學

目　錄

出版緣起／i

序／vii

第一章

學術生涯／1

克里斯多娃其人與學術背景／2

主要著作與詩學思想／19

第二章

符號學——解析符號學理論／35

理論的淵源／37

批評的科學／45

解析符號學——意指實踐論／52

第三章

對話原則與詩性話語／69

對話原則／71

獨白話語與複調話語／88

狂歡化詩學與詩性語言／93

第四章

互文性理論／111

互文性的定義／113

互文本的生成過程／120

小說文本中的互文性內容／128

第五章

獨樹一幟的女性主義詩學／147

批評的個性化／149

象徵秩序中女性的邊緣性／156

記號語言與女性特質／163

第六章

東方主義視域下的中國婦女形象／175

對西方一神論文化的批判／179

中國婦女的異質性／184

女性化／泛性化的中國形象／191

對東方主義話語的批評／204

結語 克里斯多娃的多元理論及批評立場／213

參考書目／221

一、克里斯多娃其人與學術背景

克里斯多娃於 1941 年 7 月 24 日出生在保
加利亞首都 ── 索非亞的一個知識分子家
庭。她的父母是虔誠的基督教徒，父親是一位
有名的拉丁學者，嗓音很美，參加了當地教堂
的唱詩班。在她的童年時代，每逢周末的清晨
父母就帶她上教堂，雖然她不甚情願，但教堂
周圍的美麗景色、精緻的花園、滑雪的山坡吸
引著她。聰穎頑皮的小克里斯多娃常常躲在教
堂的某個角落去聞香氣，復活節藏在擺滿樹枝
和五彩蛋的桌子下，或跑到教堂外去敲鐘鈴，
這些意想不到的惡作劇把小朋友們逗得開懷
大笑，卻令教士和父母大傷腦筋。童年的生活
是幸福的，古老的索非亞城、玫瑰峽谷的迷人
景色、黑海濱的熾熱沙灘等些難忘的記憶均化
作美好的形象和感受融入到她以後的創作之
中。

克里斯多娃從小就接受了法語教育和法

國文化的薰陶。她上過法語幼稚院，進過法語學校，甚至在修道院學過法語。爲學好法語，她比許多同年齡人付出了更多的辛勞。因爲她的父母不是共產黨員，她沒有權利像紅色資產階級子女一樣直接在外語學校學習。因此，她只得在兩個學校選修課程，往往是上午在保加利亞學校，下午去法語學校。由於受家庭的影響，克里斯多娃勤奮好學、天資非凡，文學、藝術是她找到自由和理想的小天地；法國的馬賽曲（Marseillaise）以及伏爾泰（Voltaire）、蒙田（Montaigne）、維克多‧雨果（Victor Hugo）、安納托爾‧弗蘭斯（Anatole France）等作家的作品是她學習法語和陶冶情操的教科書。這種良好的法語基礎和文化薰陶，使她日後在法國知識界游刃自如。

中學畢業後，克里斯多娃進入索非亞大學學習，她廣泛涉獵文學、哲學、語言等多種學科的知識，並喜愛中國文化，學習過中國文字。1963 年她在索非亞大學比較文學學院學習，同時擔任一家報刊的新聞記者。60 年代

初，法國是保加利亞青年人心向神往的地方。
這一時期是戴高樂（De Gaulle）將軍執政的
鼎盛時期。他設想創建一個從大西洋到烏拉爾
山脈的法蘭西民族影響地域，他給東歐學生提
供獎學金，鼓勵他們來法國學習。相反，保加
利亞當局不願派出學生，擔心他們一去不復
返、定居西方。1965 年秋，克里斯多娃的指
導教師趁學院院長去莫斯科的機會，送她上法
國大使館申請赴法留學的獎學金。經過與保加
利亞當局的一番周折，在這年聖誕前夕她順利
地抵達巴黎，當時口袋裡只裝著五美元。

　　抵達巴黎的這個夜晚，正是雨雪交加、
寒風刺骨，她不免對這個夢寐以求的「不夜之
城」徒生一種荒涼、失落之感。直到午夜參加
完巴黎聖母院的彌撒後，心情才有所好轉。初
到巴黎時的感受，誠如她自己所述：「剛到巴
黎時，我遇見的人都相當貧困，街上那些精緻
的飯館、漂亮的商店，對我來講，屬於戰前影
片中的場景。與美國輝煌的工業技術和東歐社
會的激進思想相比，法國似乎有一種令人愉

快、迷人的古典風格。然而，我從報紙或人們
的交談中發現有一種對社會的不滿情緒。後
來,我知道業者都希望這個國家能成爲歐洲最
發達的國家。」①

1965 至 1968 年是法國學術界異常活躍的
年代。李維史陀(L' evi-strauss)和巴特(Roland
Barthes ）的結構主義、阿爾都塞（ Aldousser ）
的馬克思主義、沙特（ Sarter ）的存在主義,
拉岡（Lacan）的心理分析等諸多流派，領導
法國乃至整個西方學術界的思想潮流。而且,
法國社會的政治變化使法國人更關注外國
人、更樂於接受他們,儘管依然存在一絲冷漠
與懷疑。

剛到巴黎時，克里斯多娃在她的同胞茨
維坦·托多洛夫(Tzvetan Todorov)的幫助下,
很快結識了一批文學理論界的重要人物。她先
後師從過戈德曼（Goldman）、巴特和本維尼
斯特（Benveniste），在李維史陀的人類學研究
實驗室當過助手，與此同時她認識了菲利浦·
索萊爾斯（Phillip Sollers）、拉岡、德希達

（Derrida）等人。這種良好的學術環境更激發了她的求知慾望和創新思想。

1965 年底，克里斯多娃進入了索邦大學高等研究實驗學院戈德曼和巴特的課堂。戈德曼歡迎她參加他舉辦的「小說社會學」講習班，相信這位來自東歐的女學生是一位「天生的馬克思主義者」。戈德曼是一個「平民型」的學者，他熱情、豪爽，信奉馬克思主義，他的講習班具有一種世界性氣氛，大家廣泛談論文學與社會的關係，談論馬克思主義，談論美越戰爭等多種問題。戈德曼不僅指導克里斯多娃撰寫一篇有關小說起源的論文，而且以「不可估量的實際幫助」使她堅信能在這個異國土地上生存下來。

從 1964 年到 1966 年，巴特在索邦大學講授了一個關於「修辭學研究」的研討班。1965年底，克里斯多娃和托多洛夫一起參加了這個研討班。她在索非亞時，讀過沙特、加繆（Gamus）和布朗肖（Blanchot）的書，也讀過巴特的《零度的寫作》和《神話集》等著作。

興奮，建議她來「研討班」上講講。於是，在研討班上，克里斯多娃講了巴赫金，給巴特留下了深刻的印象。她還記下了那天發言的情形：「我還記得他聽我講對話原則時那種有禮貌的驚奇，我參考了巴赫金，也參考了拉伯雷、杜斯托也夫斯基、喬伊斯和其他一些作家。羅蘭太不瞭解杜斯托也夫斯基、喬伊斯和一些現代派作家。羅蘭太不瞭解這個問題，所以他友好地爲我敞開了雷恩街四十四號高等研究實驗學院的研討課講台。這些進攻美文花園的新工具給他留下了很深的印象，這就好像是一把噴水壺面對著一台推土機。但他懂得怎樣讓別人的符號學工具爲他自己的風格服務。」③在這一年的研討班上，熱拉·若奈特（Gerard Genette）講了「偏差」，麥茨（C. Metz）講了電影符號學、索萊爾斯講了馬拉美。當時研討班的學員來自世界各國。演講完後，瑞拉·吉拉爾德（Rene Girard）教授邀請她去美國大學工作，但她拒絕了，因爲美國那時正在與越南激烈交戰，思想激進的克里斯多娃自然

站在受害者——越南一方。她發現戈德曼反對
她的這一決定，而對她說：「你應該去那兒，
從內部擊敗資本主義吧。」④

　　巴特在克里斯多娃的學術生涯中具有一
種重要的作用，他被視爲「她在巴黎的母親，
這裡沒有俄狄浦斯情節。」⑤如果說她在法國
發表的首篇文章（〈詞語、對話和小說〉）是關
於巴赫金的理論，那麼是巴特給她提供了展露
才智的機會。並且，從這時起，他們就保持著
一種深厚、純潔的友誼。1970 年巴特寫過一
篇熱情洋溢的文章介紹這位「異國女子」。1974
年的一天，一位朋友向巴特大膽地提出了一個
奇怪的問題：「如果克里斯多娃向你表示，你
們兩人之間會不會有什麼事情發生……。」巴
特笑著回答說：「她是我唯一真正愛的人。」
克里斯多娃聽說這件事後，也坦誠地說：「我
不知道是否能發展到那一地步，但我相信他很
愛我，而且這種愛是互相的。」⑥她還補充道，
巴特大概是想表達把他們連接在一起的那種
深厚友誼和他們在思想上的共同之處。

在克里斯多娃早期的語言學研究中，本
維尼斯特給了她極大的幫助和指導。本維尼斯
特是一位著名的語言學家，對哲學和心理分析
也頗感興趣。他把佛洛伊德（Freud）的理論
運用於語言學研究之中，發表過一篇關於佛洛
伊德的語言地位的文章，提出了把主體的概念
引進語言學的必要性。雖然喬姆斯基
（Chomsky）的語言學也認識到說話主體的地
位，但他的轉換生成語法理論遠落後於本維尼
斯特創建的話語中語義和主體間性
（intersubjectivity）的理論。本維尼斯特試圖
建立一種話語符號學，認為語言不再是索緒爾
（Saussure）所指的符號系統，也不是生成語
法意義上的對象。他是一位嚴肅的學者，很欣
賞這位法國女子的才氣。克里斯多娃記下了在
1968 年華沙國際符號學會議召開之前，本維
尼斯特預先向她表演——用法文直接朗誦梵
文本《梨俱吠陀》的情景以及他悄悄告訴她最
推崇的兩位語言學家是馬拉美（Mallarme）和
阿爾托（Artaud）一事，她還記下去探望患失

語症的本維尼斯特時,他用抖動的手在一張白紙上寫給她 "T-H-E-O" 這幾個象徵性字母的難忘情景。

在巴特的研討班上,克里斯多娃還結識了一大批青年學者,日後都成爲理論界有影響的人物,其中最重要的是索萊爾斯,後來他做了她的丈夫,並使她加入「原樣派」(tel quel)團體。索萊爾斯是一位先鋒派小說家和理論家,1959 年發表了《奇怪的孤獨》,受到文學界的關注。於是,一批年輕的前衛派作家圍繞在他的周圍,在 1960 年創辦了《原樣》雜誌,由瑟伊出版社發行。「原樣」二字源自發刊詞中所引用尼采的一句話:「我要世界,我要它像原來那樣。」⑦

自 60 年代以來,「原樣派」成爲法國理論界的一個重要流派,直到 1983 年解散。他們創立了「整體理論」,對文學形式和寫作的實踐進行了大膽的創新和探索,他們的研究範圍涉及到文學、哲學、科學和政治等領域。政治上,他們走向極端,先和法共聯盟,後信仰毛

主義，隨後加入自由派右翼，最後信仰教皇主義。文學批評上，他們堅持一種形式主義理論，將文學視作語言的試驗場所。巴特、德希達、拉岡、若奈特、瓦爾（Wahl）等都是這一團體的成員。

在克里斯多娃認識索萊爾斯以前，她從一本共產黨學生的雜誌《卡特》（Carte）上見到了他的一張大照片和寫的一篇文章。文章中他提出只有社會主義能為先鋒派（Avant-Garde）寫作提供有利的社會環境的主張使她感到震驚，因為在他之前的浪漫主義或超現實主義都沒有作過這樣的聲稱，而且她認為這也是不現實的。在保加利亞的馬克思主義陣營不僅拒斥被視為個人主義或反社會的形式主義美學，還批判那種對共同法則進行質疑或探討的個人風格經驗。但是，這位新小說派「青年之星」的堅定信念和憂患意識使她又受到感染，而以後在雷恩街五十五號住宅裡的無數個深夜長談不時使她迸發出學術的激情和智慧的火花。他們談巴塔耶（Bataille）等

後現代主義作家，談民族主義、馬克思主義、女權主義等等。克里斯多娃記得當年談論女權主義的一個情景，她總是毫無敵意的單純地說：「我們婦女，像無產階級一樣，除了鎖鏈沒什麼可失去的。」他們的朋友薩拉‧喬治－皮可特（Sarah George-Picot）為一主題為她拍攝了一個訪談錄，可惜這一最早有關女權主義的資料已經遺失。

在原樣派團體成員的鼓勵下，克里斯多娃開始思考和深入研究後形式主義者所忽略的東西——性欲，這是拉岡等心理分析者所關注的主題。克里斯多娃的東歐文化背景是德國和俄國的，所受的影響是康德、黑格爾、馬克思等人的哲學，而不是佛洛伊德的心理分析。她是透過「原樣」派團體發現佛洛伊德的，也是透過這一團體認識拉岡的。後來，她去索邦大學法學院聽了拉岡的幾次講座，每次都令她興奮，感覺拉岡在分析他們之中的每一個人。他把心理學與語言學、歷史、哲學等結合起來，講座內容豐富、語言精采。她還請拉岡為

她編輯的《符號學》雜誌撰寫一篇文章，儘管文章從未有結果，但他們交談的機會多了，甚至商談一起去訪問中國的計畫。

1968 年 5 月，法國爆發了一場聲勢浩大的學生運動。索邦大學沸騰了，校園內擺滿了展台，掛滿了旗幟，還張貼了列寧、毛澤東、托洛茨基和格瓦拉（Guevara）的巨幅畫像。許多教師也捲入了這場運動，戈德曼率先成立了一個「行動委員會」，巴特卻一直抱持局外人的態度。「結構不上街」的口號使結構主義在這場運動中受到了無情的衝擊。當時，克里斯多娃雖不乏「革命」的激情，但她爲了準備博士論文，卻在埋頭苦學。她擔心時局的動亂會迫使她返回保加利亞，故向校方申請破例進行博士論文第三階段的答辯，並獲得了批准。在 5 月中旬的答辯會上，戈德曼祝賀她擺脫了結構主義和精神分析而關注歷史，實際上，他對克里斯多娃的祝賀是爲了批評巴特的結構主義。1969 年，瑟伊爾出版社出版了她的兩本著作。第一本是《符號學——解析符號學》

（*Sémèiotikè, Recherce Pour une Sémanalyse*），
這是一個論文集，其中許多文章展示了她的思
辨才華和創新能力。第二本則是《語言——未
知物：語言學的嘗試》（*Le Langage, Cet
inconnu, Une initiation à la linguistique*）。緊接
著第二年，她又出版了《小說文本：轉換話語
結構的符號學方法》（*Le Texte du roman:
approache semiologigue d' une structure
discursive transformationnelle*）。這三本著作使
她脫穎而出，成爲法國學術界的一顆耀眼的新
星。她提出的一些原創性概念，如「互文性」
（ intertextuality ）、「 解 析 符 號 學 」
（semanalyse），對後結構主義和符號學研究
影響甚大。

　　克里斯多娃雖然沒有直接投入這場運
動，但對它持肯定的態度，認爲如果沒有大學
教師和教授的參與，「具有後結構主義色彩的
社會科學以及拉岡的心理分析，就不會進入大
學。」⑨在動盪的年月，克里斯多娃既未「不
聞窗外事」，又能潛心作自己的研究，且碩果

非凡。1973 年 7 月初，她在萬森大學面對一群巴黎味十足的聽衆進行她的國家博士論文答辯，題目爲《詩歌語言的革命》（ *La Révolution du langage poétique*, 1974）。她的答辯相當精采，受到了答辯委員會的高度讚揚，巴特還藉此機會表達自己對克里斯多娃的謝意：「你多次幫助我轉變，尤其是幫助我從一種產品的符號學轉變到一種生產的符號學。」⑩的確，巴特不僅從克里斯多娃那裡瞭解到巴赫金，也從她那兒知道了「互文性」等概念。

70 年代初，「原樣」派團體與法國共產黨決裂，開始與毛澤東主義接近。1974 年春天，應中國政府的邀請，索萊爾斯負責組織一個代表團訪問中國。他列出了代表團的名單：巴特、瓦爾、皮尼雷特（Pleynet）、拉岡、克里斯多娃和他本人。拉岡對這個想法很高興，但最後未能與他們會合，原因不詳。當時的中國正在開展文化大革命和進行批林批孔運動。代表團用三個星期的時間跑遍了北京、上海、南京、西安等地，參觀了工廠，觀看了幼稚園，

欣賞了芭蕾舞，正如克里斯多娃所描繪的：「在
1974 年的中國，一輛客車載著我們跨越了幾
千年的歷史，當時很少有歐洲人能看到這些。
我們的眼睛貪婪地欣賞著碑林、雕塑、珠寶、
文字……」。代表團大部分成員是親華的，他
們對這次旅行感到非常激動，甚至有人認爲他
們「是去教條主義的聖地麥加（Mecca）朝聖。」
⑪克里斯多娃宣稱，她讀中文學士學位時只對
古代中國感興趣，只對一種「共產主義的民族
出路的可能性感興趣……但在法國，毛澤東的
中國是一個『神話』。」⑫回國後，她發表了
《中國婦女》一書，開始走向女性主義批評之
路，並同時從事心理分析的研究工作。在隨後
的十餘年裡她寫了大量有關潛意識、性愛、女
性特質等主題的作品，使她成爲一個獨特的女
性主義批評者和精神分析理論家。

　　政治上，克里斯多娃從早期對馬克思主義
的信仰，到對毛澤東的推崇，70 年代末期便
轉向美國的自由主義，最後開創了新的懷疑主
義。她在倫敦的一次辯論中聲明：「我對組織、

團體沒有興趣。我對個人感興趣。……我認為
在此屋中不同的人有不同的歷史,他們對政治
現實的瞭解也會不同。」⑬也許,這種個人主
義的思想與 80 年代興起的多元文化的差異論
是一致的。

　　作為「當代法國最有影響和多產的批評家
之一」⑭,克里斯多娃在當代西方理論界,占
有一席之地。她的名字與符號學、後結構主
義、女性主義、心理分析、解構主義等多種流
派相連。她不僅是一位著名的理論家,還是一
位成功的教授和精神分析專家,頗有影響的作
家以及社會活動家。從 1973 年起,她一直任
巴黎第七大學的語言學教授;現為國際符號學
學會副秘書長,巴黎心理分析學會成員。自
70 年代中期以來,她受到中國、美國、加拿
大、英國、澳大利亞、俄羅斯等國家的邀請,
前去講學、演講或訪問,並擔任美國哥倫比亞
大學(1974 年)、加拿大多倫多大學(1992
年)等學校的客座教授。曾榮獲法國文學藝術
騎士獎章以及騎士功勳章。1989 年陪同法國

總統密特朗（Mitterand）訪問保加利亞，克里斯多娃榮歸故里。

二、主要著作與詩學思想

作爲當代法國著名的理論家之一，克里斯多娃的研究興趣廣泛，諸如馬克思主義、符號學、結構主義、女性主義、精神分析、解構主義都是她所借鑑的對象，又都爲她所批判或發展。她總能把從各種思潮中吸取的東西變爲自己審查的對象，使理論與實踐成爲一種辯證關係。

綜觀她的學術生涯，她的創作可以分爲兩個主要階段。第一階段從 60 年代中期到 70 年代中期，著重於語言學、符號學和後結構主義，關注語言的動態結構、意義的生成以及作爲符號學實踐的文本理論；第二階段從 70 年代中期到 90 年代，以《詩歌語言的革命》和《中國婦女》爲起點，著重於詩性語言、女性主義、心理分析和解構主義，從文學、藝術、歷史等方面探討女性、慾望、愛情、卑賤以及

邊際、顛覆的問題，並分析西方文明社會中人
類所表現出的憂鬱、焦慮、恐懼的症狀以及醫
治心靈疾病的途徑。

在《符號學：解析符號學》、《語言──未
知物：語言學的嘗試》、《小說文本》等幾部著
作中，克里斯多娃既借鑑了傳統符號學與結構
主義的理論，又對它們進行了質疑和批判。索
緒爾開創的符號學，正視了語言的非透明性，
將語言符號區分為代表視聽成分的能指
（signifier）和代表意義成分的所指
（signified），指出語言符號是任意的，能指
與所指之間是一種約定俗成的關係，而且符號
是差異性的，作為意義系統之組成部分，辭彙
只有和它們所不是的東西聯繫起來，才能獲得
意義。在索緒爾符號學的影響下，文本不再被
視為真實的再現方式，而是一種表意過程。克
里斯多娃從索緒爾的符號學定義出發，把馬克
思和阿爾都塞聯繫起來，並藉用佛洛伊德的理
論，創建了她的後結構主義符號學理論──解
析符號學。

　　在她看來，傳統的符號學與結構主義將文本視為一個封閉系統，確保文本的一個固定意義，它阻礙了文本多義性的呈現，無法感知文本運作的能力。因此，她對這兩種理論的符號靜止概念以及排除所謂語言之外的歷史和心理學因素的做法，提出了嚴厲的批評。

　　作為對結構主義的替代，她提出解析符號學的研究方法，認為文本是一種有力的語言活動，它透過說話主體的慾望發生作用，而主體必須對具體的歷史社會經濟力量作出反應。不論古代的還是現代的，文學文本現在都變成了一種「生產性」（productivity），其中作者面對著他的文化語言所賦予的特定意識形態，透過以被禁的方式安排語言符號來取代或分散這種意識形態。結果是一種多價（polyvalent）的否定，它破壞並中止一切壓制性的、單義的觀點（如好對壞、真對假、男對女等），因而不僅揭示文本，而且也揭示構成文本的文化語言。

　　在對語詞與文本的研究中，克里斯多娃發

展了巴赫金的對話原則，提出了「互文性」這一概念。對她而言，文本不但與它的生產者和接受者相關，也與先前的或鄰近的衆多文本相關，這些文本與它保持著意想不到的真實關係。由於文本是在能指系統裡產生的，因而與某個社會和時代的語言相關，文本作爲話語也參與社會的發展。她還強調語言的革命本質，認爲語言革命和社會革命相對應，從而將主體辯證地嵌入客體的現實世界之中。

　　《詩歌語言的革命》是克里斯多娃的一本重要著作，它強調語言習得中主體身分的建構，研究了在社會歷史領域裡話語主體造就的「詩歌語言」和「表意實踐」的功能過程，但她所闡述的主體不是笛卡兒所提出的「我思故我在」的實體，而是拉康理論中的說話主體（speaking subject），是語言作用化的主體。在這本書中，她試圖建立關於主體的辯證思維模式，思考特定的語言、歷史以及政治環境對主體的構成的潛在動力，提出了兩個重要的批評術語：記號秩序（the semiotic）和象徵秩序

（the symbolic），認爲它們作爲構造語言表意過程的成分具有重大的理論意義。「記號秩序」指前俄狄浦斯（Pre-Oedipus）過程，與分裂性的前語言相連繫，而「象徵秩序」與俄狄浦斯秩序（Oedipus）相統一，與意識和「父名」相連繫。克里斯多娃關於主體構成的「記號秩序」觀念是其女性主義精神分析的核心概念。它存在於主流話語形式的邊際，具有強烈的衝撞和顛覆整體性符號的能力。這種記號話語並非一種專用的女性語言，故克里斯多娃與女性主義批評從一開始就形成一種「曖昧」的關係。而《中國婦女》的出版確立了她在西方女性主義與精神分析研究領域中的地位。

　　《中國婦女》不是一本完全關於中國的書，而是克里斯多娃把中國作爲參照對西方話語進行批判的理論依據。它分爲兩部分：在第一部分，她從西方宗教、歷史和神話探討了女性受壓迫的情境，指出對母性及其軀體的壓抑是一神論和父權制律法的首要任務，並對此進行深刻批判；在第二部分，她試圖把中國描述

成與西方父權制相對立的母權制或受母權制
影響的社會,在對中國與中國婦女進行浪漫化
的誇張時,卻使中國成爲了西方世界的一個
「他者」。爲此,她受到西方女性主義者和後
殖民主義者的批判。

　　《詩歌語言的革命》和《中國婦女》這兩
部著作標誌著她從語言學轉向女性主義和精
神分析的研究。70 年代末期以來,她的著作
主要集中於女性、慾望、愛情、卑賤、憂鬱、
邊際等問題,探討潛意識中分裂的主體及西方
文明壓抑下的心靈病症。

　　在《恐怖的權力》(*Pouvoire de l' horreur*,
1980),克里斯多娃探討了西方文化中「恐怖」
(令人害怕的東西)和「卑賤」(abject)(卑
鄙下流的東西)的符號指涉問題。她把卑賤定
義爲「不合適」、「不乾淨」、「不道德」、「陰險
狡詐」等。在西方宗教中,卑賤總是與這些「導
致卑賤」或「卑賤下流的東西」聯繫在一起;
女性軀體和她們的經血就經常讓人想起「骯髒
卑鄙的東西」。在傳統分析中,佛洛伊德總是

理想化地推斷母子關係,而克里斯多娃則以一種矛盾的情緒看待這種男女關係,相信產生卑賤、令人憎惡和恐懼的東西會使人反感,但它們卻與快樂、美妙、迷人、狂喜以及權力相連繫。

　　《愛的故事》(*Histoires d' amour*, 1983) 被巴特稱為「吹進我們周圍的一縷清風」。 她從人的個體經驗入手,結合分析西方文學史上若干名著的愛情糾葛,以哲學和倫理學的思維方式對愛的主題進行探討,並對佛洛伊德和拉岡的性愛理論進行了修正。她提出了「想像的父親」(the imaginary father)這一概念,認為父權制的作用不僅僅包括閹割的恐懼和律法,父親不只是律法中嚴厲的父親。相反,他是一個慈愛(loving)的父親,即「想像的父親」,也就是佛洛伊德所說的「個人史前史的父親」。換言之,他是被俄狄浦斯的壓抑所掩埋於潛意識底層的「雙親兩者」(mother-father),小孩對他的認同是「立即的」、「直接的」,不同於俄狄浦斯以後的認同。

傳統的心理分析認為，孩子進入社會或語言秩
序是由於害怕閹割，孩子與母親軀體的分離被
視為一種悲劇性的失落，他所得到的安慰是言
詞。但克里斯多娃相信這種分離早於「鏡像」
階段（the mirror stage）或俄狄浦斯階段，它
不僅是痛苦的也是快樂的；孩子進入社會和語
言不僅由於父親的威脅而且由於父親的慈
愛。因此，她批判拉岡的理論不能準確解釋小
孩怎樣願意接受嚴厲的父之律法的召喚而進
入象徵秩序的。而且，她認為當代精神病患者
所遭受的痛苦與失望是由於缺乏母親或者父
親的愛，並相信精神分析詮釋能幫助他們建立
一種關於「愛的母性軀體」，它不僅是所欲求
的母性之愛，也是使母性軀體朝語言發展的慈
愛父親。這種愛使驅力、情感和語言相融合，
創造一種新的意義。這一思想也表現在她的另
外兩部著作：《黑暗的太陽》（*Soleil
noir:depression et m' elancolie*, 1987）和《心
靈的新疾病》（*Les Nouvelles Maladies de l'
ame*, 1993）之中。

　　克里斯多娃不僅運用精神分析方法來探討性愛、卑賤等主題，而且用之分析作爲外國人／陌生人的心理體驗以及應該怎樣對待外國人的問題。在《對我們自己的陌生人》（ *Etrangers à nous-mêmes*, 1991）這本書中，她把自己作爲外國人的某種感受融入作品之中，並分析了從古希臘、基督教聖經、文藝復興、啓蒙時期到當代法國有關外國人／陌生人的這一概念，從而指出外國人不僅具有一種對其母親、祖國和母語的失落感，還由於陷入兩種語言的困境而可能被迫處於「緘默」、「失語」的狀態。這樣，外國人就成了意識與無意識相隔離的心理關係的外在表現。她認爲接受外國人能使人們重新認識心理中的「他者性」（otherness），而包含他者性的心理分析可以成爲一種包含差異的倫理學，並相信建立在極端差異、陌生化以及個性原則基礎上的社會將是一個新的世界主義社會。

　　90 年代，克里斯多娃對當代法國心理小說家普魯斯特（Proust）深感興趣，並開設了

普魯斯特和梅洛龐蒂（Meleau-Ponty）這兩門
課程。在閱讀普魯斯特的手稿時，她發現了他
所提出的一個問題：「把這些材料寫成小說還
是哲學研究？」這使她思考自己的創作方式，
認識到小說也許更能表達自己的思想，揭示現
代知識分子的內在心靈與情感世界。於是，90
年代初克里斯多娃嘗試著小說文本的寫作實
驗，發表了《女戰士》（*Les Samurais*, 1990）
和《老人與狼》（*Le weil Homme et les loups*,
1991）這兩部作品。

　　《女戰士》反映了 1965 至 1990 年期間法
國知識界的興衰和衝突，結構主義、精神分
析、政治立場、文學實驗、宗教意識、女權主
義、生態學等輪番上場或爭奇鬥妍。克里斯多
娃認為這種「思想的小說」會隨著寫作的深入
發展而顯得「親密化和個性化」。她採用了先
鋒派的創作技巧和多聲部（polylogue）的小
說結構。小說有三條敍述線索，每一條分屬於
一對男女，如 Olga 和 Herve、Carole 和 Martin、
Joelle 和她的男友。他們分別代表三種不同的

傷的地方。小說中虛構的 Santa Barbara 是一個集合東方的潰敗與西方的腐朽於一體的荒涼、破敗城市，它象徵著解體後危機四伏的東歐，又象徵著以毒品等來麻醉人的意志的美國或歐洲。而那些令人恐怖的狼群使她想起紅色軍隊的入侵，極權主義的建立，使他們在詭詐、腐敗與獨斷專行中完全取消價值標準。無疑，這影射著她對保加利亞等東歐社會主義國家的批判。但克里斯多娃不認爲這是一部「悲觀主義」的作品，相信「只要罪惡受到挑戰，死亡就不會取勝」。女主角 Stephany 作爲女人、女兒與情人的內在體驗與感受是和死亡和仇恨相對抗的。在她的人生探索中，她沒有忽視個人的體驗，既經歷了悲傷襲來的痛苦，又體驗了軀體帶來的愉悅。正是在悲悼慈父死亡的痛苦中，她身體內被壓抑的東西才得以喚醒。如果沒有悲傷造成的內在空間，也就沒有性愛狂喜的外在表現。而小說的父親寄託了作者對自己父親的深切懷念，他不僅是一位博學的老教授，也是一位慈愛的「想像的父親」。「他

是一個承載著心理、感情、恐懼,並有著軀體
的人。他是一個叛逆者,一個悲傷的人,一個
與基督相似的人。」⑯對她而言,這種父親的
愛不僅是醫治 Santa Barbara 城市中野蠻與粗
俗的有效方法,也是醫治 Stephany 等現代人
心靈創傷的靈丹妙藥。由此可見,克里斯多娃
試圖透過小說創作來深入研究她的心理分
析,並以更形象和具體的方式來表達她複雜且
抽象的思想。

在她的學術生涯中,克里斯多娃勇於探
索、不斷創新。她既受馬克思、阿爾都塞、黑
格爾、索緒爾、巴赫金、佛洛伊德、拉岡、德
希達、巴特等人的影響,且修正、發展或批判
他們的理論。她創造的解析符號學促進了後結
構主義和解構主義的發展;她關於女性與女性
特質的界定,使她的女性主義詩學獨樹一幟;
她對慾望、軀體、母性、愛情、卑賤等主題的
探討,以及修正並發展了精神分析方法;她的
小說創作使其精神分析理論和哲學思想得以
更形象的闡述。因此,「作為法國著名的語言

注釋：

① Julia Kristeva , *My Memory' s Hyperbole, The Portable Kristeva*, edited by Kelly Oliver（New York: Columbia University Press, 1983）, P. 5-6.

②路易－讓・卡爾韋著，車槿山譯，《結構與符號——羅蘭・巴爾特傳》，北京大學出版社，1990 年，第 159 頁。

③同②，第 160 頁。

④同①，第 8 頁。

⑤ John Lechte , *Julia Kristeva*（London and New York: Routledge, 1990）, P. 66.

⑥同②，第 207 頁。

⑦參見王逢振等編，《新編 20 世紀外國文學大詞典》，譯林出版社，1998 年，第 730 頁。

⑧同①，第 8 頁。

⑨同①，第 16 頁。

⑩同②，第 199 頁。

⑪同①，第 18 頁。

⑫同②，第 202 頁。

⑬托里‧莫娃著，《性別／文本政治》，陳潔詩 譯，駱駝出版社，1984 年，第 160 頁。

⑭ Pamela Kester-Shelton, edited, *Feminist Writers*（New York, 1996），P. 273.

⑮ Lawrence D. Kritzman edited, *Julia Kristeva -Interviews*（New York: Columbia University Press, 1996），P. 252.

⑯同⑮，第 170 頁。

⑰方成著，《精神分析與後現代批評話語》，中 國社會科學出版社，2001 年，第 212 頁。

　　克里斯多娃是繼巴特之後當代法國著名
的符號學家和文學批評家。自 1965 年她從保
加利亞移居法國後，就投入到符號學的研究之
中，旋即成爲法國符號學運動的領先人物，不
僅是首屆國際符號學會議和協會的組織者，而
且是符號學認識論前提的批評家。她先後發表
了《符號學：解析符號學研究》、《語言——未
知物：語言學導論》、《小說文本，轉換式言語
結構的符號學方法》、《詩歌語言的革命》等重
要著作，提出了符號學的科學問題和解析符號
學方法，探討了符號學的性質、任務及意指實
踐論，並把文學文本作爲主要的批評對象，從
而闡明了符號的轉換論、文本的生產性等主要
思想。克里斯多娃博採衆長，又富有創新，索
緒爾、喬姆斯基、馬克思、佛洛伊德等人的思
想既爲她所「竊取」，又爲她所批評，因而她
的符號學理論具有很強的科學性、哲理性以及
批判意識。

一、理論的淵源

「符號學」在英語中有兩種意義相同的稱謂：Semiotics 和 Semiology，分別來自於美國哲學家皮爾士（Charles Sanders Pierce）和瑞士語言學家索緒爾。如果作學科的溯源，早在古希臘學者那裡就可找到關於符號的論述。亞里斯多德在《解釋篇》談到了語言的符號性質問題：「口語是心靈經驗的符號，而文字則是口語的符號」。雖然亞里斯多德等古希臘學者所談的語言符號的性質與現代人的觀點相去甚遠，但他們對符號的關注對後來的西方哲學家有很大的影響。

英國哲學家洛克（Locke）於 1860 年發表了《人類理解論》。在這本書的最後一章中，他對科學進行了分類。「凡可歸入人類理解範圍以內的東西，可以分爲三種：第一就是事物本身的本性以及其各種關係和作用的用途；第二就是個人（有理性而能動的主體）在追求一

種目的時（尤其是幸福）所應做的事情；第三
就是達到和傳遞這兩種知識的途徑。」洛克所
說的第一、第二種分類，即今天的哲學和倫理
學，而第三種「可以叫做 Semiotic，即所謂符
號之學。各種符號因為大部分是文字，所以這
種學問，也叫做邏輯學。這種學問的職責，在
於考察人心為了理解事物、傳達知識於他人時
所使用的符號本性……。」①洛克的功績，是
指出了語言、文字作為符號在思維活動中的替
代作用，並且把這種替代作用看成是傳遞知識
的基本途徑。皮爾士說，他所使用的「符號學」
這個術語及定義，都是從洛克那裡獲得的。

　　符號學作為科學研究的面目出現是在皮
爾士和索緒爾的時代。克里斯多娃指出：「他
們兩人幾乎同時強調符號學這門學科的必要
性，並勾勒其理論框架。」②皮爾士的貢獻在
於他給符號概念下了確切的定義，對符號的種
類進行了劃分和描述。他寫道：「邏輯學在一
般意義上只是符號學的別名，是符號帶有必然
性或形式的學說。」③進而提出人類的一切思

想和經驗都是符號活動，因而符號理論也是關於意識和經驗的理論。而且，他區別了三種基本符號：「圖像」（icon）符號，與其所代表者相似（如一個人的照片）；「標誌」（index）符號，與代表物有某種聯繫（如煙與火相聯繫）；「象徵」（symbol）符號，僅僅任意或約定俗成地與其所指物相連繫。符號學分類其他形形色色的形式：它區別「外延」（denotation）（符號所代表者）與「內涵」（connotation）（聯繫於這一符號的其他符號）；區別訊碼與它們傳遞的資訊；區別「聚合」（paradigmatic）（一整類可以互相代替的符號）與「組合」（syntagmatic）（符號被互相塔配在一條「鏈條」中）。克里斯多娃認爲：「皮爾士的符號學理論是建立在邏輯學基礎之上的，它包括三個部分，即隱含說話主體的語用學、研究符號與所指之間關係的語義學、描述符號之間形式關係的句法學。」④皮爾士對符號的基本理論作了較全面的闡述，但是對語言符號作出詳盡、科學的現代定義的第一個人是索緒爾，他更關

　　索緒爾比皮爾士早大約三年（1894 年）
提出符號學的概念。在《普通語言學教程》中
他明確寫道：「語言的問題主要是符號學的問
題，我們的全部論證都從這一重要的事實獲得
意義。要發現語言的本質，首先必須知道它跟
其他一切同類的符號系統有什麼共同點。」他
認爲，語言比任何東西都更適宜於瞭解符號問
題的性質。基於這一認識，索緒爾考慮過多種
符號系統（文字、象徵儀式、軍用信號等）的
研究可行性，進而試圖建構符號學這門科學：
「我們可以設想有一門研究社會生活中符號
生命的科學；它將構成社會心理學的一部分，
因而也是普通心理學的一部分；我們管它叫符
號學。符號學將表明符號是由什麼構成，符號
受什麼規律支配。因爲這門科學不存在，誰也
說不出它將會是什麼樣子，但是它有存在的權
利，它的地位預先已經確定了。語言學不過是
符號學這門學科的一部分」，並指出「語言學
家的任務是要確定究竟是什麼使得語言在全
部符號事實中成爲一個特殊系統。……如果我

儀式或演出中所見到的由這些不同質料所組成的複合體，如果它們不構成『語言』，至少構成意指系統。可以肯定的是，今日大眾傳播的發展使人們空前地關注意指的廣泛領域，而與此同時，語言、資訊學、形式邏輯以及結構人類學等學科所取得的成就，又爲語義分析提供了新的手段。符號學在此種情勢下呼之欲出，就不再是幾個學者的異想天開，而是現代社會的歷史要求。」⑦在此，巴特提出了符號學作爲一門獨立學科的可能性，並由此開啓了語言學與符號學兩個學科真正分家的歷史。

　　克里斯多娃像巴特一樣十分重視符號學從語言領域向非語言社會、文化領域的擴展。她說：「符號學所發現的是……支配任何社會實踐的規律，或者如人們所喜歡的，影響任何社會實踐的主要強制力在於，它是有指示能力，即它是像語言那樣表述的。」⑧任何言語行爲都包含了透過手勢、姿式、服飾、社會背景等這樣的「語言」來完成資訊傳達，甚至還利用語言的實際涵義來達到多種目的。在克里

斯多娃看來，既然社會實踐被視爲「像語言一樣結構」的意指系統，那麼任何實踐都可以作爲與自然語言相關的「第二模型」來加以科學研究。「正是在這具體領域，今天的符號學才正式形成。」⑨

符號學的普遍化和應用化過程，同時也是其理論基礎深化的過程。符號學雖因現代語言學和語義學的發展而成熟，但正因如此，它與哲學史上古典符號學思想的關係也引起進一步的關注。由於現代人文科學的理論基礎與古典哲學前提有內在的聯繫，符號學理論的基礎問題就立即擴大到整個人文學科領域之中。克里斯多娃對符號學的地位特別重視，指出：「……符號學已成爲一種思想方式，一種方法。它今日滲入一切社會科學，滲入與意指方式有關的一切科學話語或理論（人類學、精神分析學、認識論、歷史、文學批評、美學）中，並位於科學和意識形態相互鬥爭的場所內。符號學取代了古典哲學，成爲科學時代的科學理論。」⑩

克里斯多娃主要是從意識形態和意指性實踐（signifying practice）這兩個方面來探討符號學的理論思想，提出了符號學不僅是一種語言學理論，而且是「一種批評的科學」的著名論斷，論析了它與其他科學的關係，並把它置於馬克思主義和佛洛伊德精神分析的雙重知識空間，認為它是一種顛覆傳統秩序的政治批評實踐。無疑，這與她作為後結構主義者的解構立場是密不可分的。

二、批評的科學

克里斯多娃剛到法國不久，就開始思考符號學作為一門獨立學科的理論意識。1969年她發表了〈符號學：批評的科學／科學的批評〉這一篇重要文章，著重探討了兩個方面的問題：作為批評科學的符號學以及作為馬克思、佛洛伊德與符號學之間重要關係的生產概念。這就是說，克里斯多娃認為符號學是一門具有批評意識的科學理論，它吸收了語言學、

現代數學等多種學科的知識，融彙了馬克思主
義理論和佛洛伊德精神分析法，關注文本的生
產和文學的意指實踐。她的符號學理論既不同
於皮爾士、索緒爾以靜態語言分析爲主導的符
號學思想，也有別於德希達關於「能指」與「所
指」的消解觀念，她所構想的符號學，也就是
她獨具特色的「解析符號學」（semanalysis），
是一種容納了多種學科知識，且運用於社會文
化與文藝批評的理論方法。

　　在克里斯多娃看來，當代符號學運動最
有生命力的表現是所謂符號的意指性實踐，即
研究文化中各符號系統的能指方式。前蘇聯符
號學成果給了她深刻的印象和影響。這除了因
爲蘇聯符號學家側重文化符號系統的分析實
踐外，也因爲他們企圖廣泛運用資訊理論的科
學術語來作爲符號學實踐的理論工具。她認爲
「塔圖學派符號學家爲了建立第二模型系統
應用了符號邏輯、數學概念和資訊理論概論。」
⑪因此，她相信作爲科學時代之科學理論的符
號學具有科學的特徵。這就是：一、符號學與

其他科學，特別與它從其藉著模型的語言學、數學和邏輯學具有特殊關係；二、引進了新的辭彙和破壞了現存的辭彙。

「任何科學思想的更新都是透過術語的更新。每一種新的科學都包含這種科學術語的革新。」⑫基於這一認識，克里斯多娃指出當今符號學把資本主義制度和它的話語視為短暫的現象，因而拒絕傳統人文主義和主觀主義的術語，卻藉著其他精確科學的辭彙，並以為這些新的辭彙或術語具有符號學研究這一意識形態領域的另一層意義。對她而言，馬克思經濟學的創新之處是把社會看作一種特殊的生產方式，用工作方式和生產的社會關係的雙重形式中的「生產」概念取代了「超自然的創造力」這一概念，而且馬克思使用了大量新的術語，如「剩餘價值」、「上層建築」、「重商主義者」、「生產力」，並給予它們新的意義。

克里斯多娃一方面抽象地賦予當代符號學的「科學性」特徵，另一方面卻使符號學學科具有十分含混的性質，它承擔了數學和自然

科學無法承擔的「自我批判」任務。這是因爲
「符號學利用語言學、數學、邏輯模型,並將
它們用於意指實踐。這種結合既是理論現象也
是科學現象,因此根本上是意識形態現象,它
使所謂『人文的』科學話語的精確性和『純粹
性』非神秘化。它顛覆科學方法與之有關的精
確性前提,被顛覆的前提均在符號學、語言
學、邏輯學和數學中。」⑬把作爲意指實踐的
符號學稱作意識形態現象,也就指出了它的雙
重性格:科學分析工具和此工具的科學前提的
可疑性。於是符號學既構成了其「對象」(即
符號學實踐活動內容),又構成了其「工具」
(作爲模式和分類方法),而分析工具本身又
成爲分析對象。換言之,符號學既研究「被加
以公理化的能指功能方式」,又透過形式化方
法檢討其理論前提。這樣,與自然科學不同,
「符號學只能作爲一種符號學批評產生作
用,它通向一種非符號學對象:通向意識形
態。」⑭

　　克里斯多娃的符號學意識形態批評觀具

有較強的馬克思主義色彩，這與她作為「新馬
克思主義」推崇者的立場有關。在她看來，馬
克思是實行符號學批評功能的第一人，因為馬
克思主義和傳統思想的斷絕是透過大量政治
與經濟的意指實踐分析進行的。政治、經濟批
評構成了「古典」符號學的基型（prototype）。
這樣，符號學可以說是繼承了馬克思開創的批
評傳統。

　　符號學由於這種雙重性格，因而在意識
形態史和知識史中占據特殊地位。同時，符號
學話語的興旺標誌了「我們的文明正在經受文
化的瓦解過程」，符號學特性說明了資產階級
（「良心的」）言語在其種種變體（從神秘美學
到實證科學主義，從「自由」新聞業到有限「介
入」論）中「偽裝拙劣的敵對性」。⑮在趨向
「毀滅」的資產階級文化中，「科學」也難免
噩運，符號學意識到科學「消亡」的趨向，因
而設法使科學的知識復甦，即揭發科學話語中
的「虛幻性」和「敵對性」。於是具有這種批
評和自我批評功能的符號學可比之「俄國革

命」，也可視作「一種科學意識形態論」。⑯而且，克里斯多娃認爲符號學的意識形態批評功能是積極的，它「既非相對主義也非認識論懷疑論」，卻能破壞其中「科學呈現爲自身封閉圈」的傳統思想，同時還揭示「科學如何在一種意識形態中產生」。這種符號學理論的突出特點是使科學透過符號學檢討而獲得自我意識，從而破壞傳統的哲學基礎。所以，符號學比一般科學多出一種功能，「符號學與精確科學的區別在於它除了模型化之外還爲此模型化建立起理論，這個理論基本上可超出再現作用範圍。」⑰由此可見，克里斯多娃試圖使符號學的自我批評活動和對科學理論前提的批評分析，與對傳統思想整體的「革命性」批判結合起來。正是在此目的上，她的理論既與阿爾都塞的馬克思主義認識論又與德希達的西方思想史批評發生了聯繫。同時，她反覆強調她的理論立場與馬克思主義一致。因爲符號學思想史與「資產階級意識」纏結在一起，符號學應該採取阿爾都塞式的馬克思主義立場，強

調理論與實踐的相互關係,以增強自我批判意
識。

　　然而,克里斯多娃的符號學思想比馬克
思理論走得更遠,「因為後者不能對(社會價
值、商品與貨幣的流通等)產品以外的生產進
行分析,儘管使用價值理論勾畫了一種不同的
分析模式,即對生產的內部性給予關注。」⑱
托裡‧莫娃認為這一觀點還未被馬克思完全掌
握,直到佛洛伊德把夢作為「工作」或「過程」
來加以分析時,這種有關無意識的生產理論才
得以產生。由於運用精神分析方法,克里斯多
娃的符號學理論超越了結構主義的靜態理論
模式,於是兼具意識結構和無意識結構的主體
就成為意義產生和解讀的中心,主體在此不僅
是結構,也是過程和實踐。因此,克里斯多娃
認為:「符號學的一個階段過去了,即從索緒
爾、皮爾士到布拉格學派和結構主義的階段。
在此階段內完成了意指實踐對社會的和象徵
的制約關係的系統描述。」⑲她所倡導的符號
學研究將以說話主體為中心,探討能指的實踐

過程及文本的轉換深層結構。

三、解析符號學——意指實踐論

「解析符號學」是克里斯多娃在符號學的大範圍下提出的一種批評方法，它以意指系統的成義過程（significance）爲主要對象，關注說話主體的身分構成，強調語言的異質性（heterogeneous）和物質性（material）層面以及文本的多層表意實踐。事實上，它是一種針對結構主義符號學的理論方法，具有很強的哲理性和分析性。對此，克里斯多娃明確說明：「關於符號的這種解析理論旨在解析自斯多葛派以來以主體與符號爲內容的符號學運作基礎，重新確定符號學的方案。解析符號學—符義解析——絕不滿足於笛卡兒式的或知性行爲式的對封閉體的描述……它視表意實踐爲多元實踐。」[20]

解析符號學法反對把文本作爲靜態的符號系統來研究，它視文本爲一種超語言

（transliguistic）的程式，一種動態的生產過程，認為文本不是語法的或非語法的句子的靜態結合物，不是簡單的純語言現象，而是在語言中被激發產生的「歷史記憶」，是一種複雜的實踐活動。而且，文本的構造不是一個封閉的文學客體或美學客體，它與其歷史、文化、社會變化緊密相關。作為意識形態的「表意體」（ideologeme）通常貫穿於文本之中。克里斯多娃發現由史詩向小說文本的發展是基於象徵表意體向符號表意體的轉換。她對這一轉化的本質及其成因的闡述為我們理解詩性符號學理論提供了一個很好的背景。

(一)由象徵到符號的轉換

中世紀歐洲是典型的符號學時代，即「一切因素都相對於『超越性所指』（上帝）的統一支配下的另一因素而意指；一切都是似真性的（verisimilitude），因為在一個獨立系統下均可以符號學方式推出。」㉑13 至 14 世紀的歐洲是以符號的思想代替象徵的思想，以史詩向小說發展的轉型時期。在分析這一時期的文

學現象之前，克里斯多娃區別了象徵與符號這兩個概念的根本差異。她藉用索緒爾的話說，「象徵的特點是：它永遠不是完全任意的，它不是空洞的；它在能指和所指之間有一點自然聯繫的根基。」而符號卻不「佯裝承擔象徵層面這一微弱的意指關係」，能指與所指之間的關係，除了文化、歷史上的約定俗成，沒有任何內在的聯繫。於是，「作爲現代思想的基本表意體和小說話語的根本要素」，符號具有如下特徵：它不指涉單一獨特的實體，遠離其超驗基礎，但引發相關意象或概念；它的意義是與其他符號相互作用的產物；它蘊涵著轉換原則，新的結構不斷生成和轉換。㉒

13 世紀以前，象徵表意體瀰漫於整個歐洲的文學、藝術之中。它指涉一種不可知、不可代表的宇宙超驗現象和人類普遍本質，象徵與指稱物是單一的聯繫，其間的二度空間是分離、不可交流的。象徵體系中的文學類型往往是神話、史詩與民間故事，所有的文本組織形式是封閉的、同質的和靜止的，對立的事物呈

現出分裂、不相融的二元特性，諸如高貴與卑賤、善良與邪惡、勇敢與膽怯。在以象徵表意體為基礎的文本中，亞里斯多德的三段論顯而易見，人物的獨特性也受到了限制，往往代表二元對立中的一項。如《小紅帽》中的「小紅帽」是善的象徵，「大灰狼」則是惡的化身。這種二元對立論反映了在一個固定的空間而不是時間之內的故事敘述的靜態性以及人物性格發展的單一性。

從 13 世紀到 15 世紀，象徵受到符號的挑戰。隨之，象徵的神聖性被符號的含糊性／雙重性（ambivalence）所代替，意指單位不再指稱對象所隱含的宏大思想。符號以開放性、異質性和動態性為特徵，具有不分離（non-disjunction）原則和雙重矛盾性。對立品質、否定性因素通常在同一人物身上顯現，譬如被嘲笑的君王、戰敗的勇士、不忠的妻子、邪惡的教士。實際上，符號的表意體允許指涉「存在」現象的複雜性。

在從象徵向符號轉換的話語中，唯名論

（nominalism）產生了決定性作用。唯名論者
與亞里斯多德的信徒及古典神學思想相反,否
認共相的存在,並以現實主義的方法抨擊象徵
語言的思想,抽掉其超驗的理想支柱,摧毀其
貫時的內容,而代之以共時方向的符號的多樣
性。貫時的無限性(向往神)被共時的無限性,
即事物與個性行爲的多樣性、客觀世界的無限
性所取代。而且,「唯名主義以符號的拼合來
構造現實,並以小說的『無意識』哲學及其創
造性來建構藝術這一獨立範疇」。㉓

　　在中世紀末和文藝復興初期,小說作爲
一種符號實踐的敍述文體開始出現。法國第一
位小說家安托萬‧德‧拉薩勒（Antoine de La
Sale, 1385－1460）的《讓‧德‧聖勒特》繼
承了唯名論的話語類型,作品一開始透過貴婦
之口介紹了「共相」,它們象徵著基督教世界
的各種美德,如忠誠、希望、貞潔、忍耐、正
義、毅力和謹慎;然後作者筆鋒一轉,質疑並
駁斥了這種理性的真實性,並以現實的合理性
取代了種種「共相」的合理性。作者的直覺與

神秘主義者所鼓吹的超驗思想是風馬牛不相及的。拉薩勒小說中所表現出的作者的直覺，是表意手段的一種運作類型，作爲運作核心，完成了由神到人的轉化。克里斯多娃還對拉薩勒的第一部作品《拉‧薩勒德》中的希彼爾（Sibyl）王后的形象進行了分析，指出這位歐洲神話中的可怕的女祭司，到15世紀以各種不同的形象出現於文學、藝術之中。事實上，「Sibyl一詞已脫離了象徵的超驗性，而享用符號的『任意性』，」它是「話語無限可能性之產物」。㉔

從象徵到符號的轉化中，狂歡節話語也發揮了重要作用。它是一種反規律的話語，表現出一種反象徵性、雙重性和相容性的特點。狂歡節話語擯棄了史詩故事中「講敍者──講述內容──受述者」的這種傳統的口頭交際模式，建立起一種既呈直線型，又呈體積型、決裂型的交際空間，也就是一種既傳達意義資訊，又作爲表意實踐、兼具場景和生命活力的雙重多義的話語空間。於是每個參與者同時扮

演著作者、演員和聽衆、講述者、資訊和受述
者、規律和反規律等多重角色。人物的角色不
斷轉化,面具成了保證轉換機制連結雙方的特
殊媒介。它是交替的標誌,是對同一性的拒
絕。這種以相異性爲特點,否定真實身分的面
具成爲符號、文字產生作用的實踐活動的一個
典型,也成爲動搖象徵的重要標誌之一。小說
採用了面具空間的雙重形象、對話式組織和施
動者轉換等手法。而且,狂歡節話語往往表現
出一種表意遊戲的形式,它不受任何意義、語
法的制約,艱澀的語言、重複的語音、無因果
關係的言語雜亂地拼湊在一起。克里斯多娃認
爲早期的小說試圖把這些表意遊戲引入敍事
脈絡而加以理性化。拉伯雷(Rabelais)是第
一個作這種嘗試的小說家。他的作品裡不乏艱
澀詞語、言語拼湊、簡單羅列等現象,小說中
的敍述性複句因爲重複而背離了原來的語
義,僅僅成爲小說文本轉換中空洞的表意手段
和修辭手段。他的作品可與杜斯托也夫斯基、
喬伊斯和卡夫卡等深受狂歡節話語影響而創

作出的小說相媲美。

　　透過對史詩向小說轉化的這一意指實踐的分析,克里斯多娃指出表意手段與語義對稱的二分法屬於象徵觀念,而符號觀念的文本突出語言的物質性與異質性,突出表意手段的轉換和變化過程。在轉換過程中,文本的意義不斷生成。

(二)文本的轉換

　　結構主義符號學認爲文本是由話語、敍事和兩者關係構成的整體,話語、敍事構成相對獨立、又可區分爲若干層面的意義層次。克里斯多娃指出這種靜態的研究方法不能揭示文本的成義過程以及內在的生成規律。她強調文本的生產性或生產過程的機制,提出文本不是一個語言學現象,不是言語彙集中出現的那種平淡無奇的意義結構,而是意義結構生產本身,「是記錄在印刷文本這一語言『現象』,這一現象文本上的生產過程。」㉕她心目中的文本是一個生動的、具有活力的實體。

　　強調文本動態性的克里斯多娃,將文本

分為二個層面：現象文本（phenotext）和基因
文本（genotext）。前者指存在於具體語句結構
中的語言現象，常見的音位、語義描寫和結構
的分析適用於這類文本，但它與語句而不是文
本主體（表述）發生關係。基因文本則「規定
了表達主體的構成所特有的邏輯的運算，是現
象型文本結構化的場所，是意義生產之場」。
㉖它們二者之間的關係：現象文本為文本的表
層，即被意指的文本結構，基因文本為文本的
深層，即意指過程的生產性。事實上，她的文
本二分法與喬姆斯基（Chomsky）的生成語法
（generative grammar）既相關又分離。

　　生成語法理論的優點在於把語言形態的
描述從靜態的結構，轉化為動態的結構，視言
語行為為生成過程，從而改變了人們的語言觀
念以及所有表意體系的方法。無疑，克里斯多
娃接受了生成語法理論的影響，她的現象文本
和基因文本在某種程度上與生成語法中的表
層結構——「語言行為」（performance）和深
層結構——「語言能力」（competence）是相

對應的。但是，她認為喬姆斯基的生成模式中
看不到任何一種成分類型向另一種成分類
型，一種邏輯類型向另一種邏輯類型的過渡。
實際上，所謂的生成語法，並不生成任何東
西，只提出一種生存原則，假設出一個深層結
構，作為表層結構的原型。她心目中的「基因
文本」是語言運作的一個抽象層面，絕不反映
語句的結構，是先於並超越語句結構的語義生
產過程。這種成義運行過程發生在語言之中，
卻不能濃縮為所謂正常交際活動中的表層話
語。基因文本並非為現象文本生殖現存的語
句，而是成義過程中不同階段的表意手段。由
變化中的表意手段構成的序列可能是現象文
本的一個詞、一個語句、一段言語、一個無意
識結構等。基因文本是不斷異化、處於無限變
化過程中的複數的表意手段，現象文本中已經
格式化的表意手段只是無限表意手段中偶然
採擷的一個。㉗這種複數特徵超越了現有格式
和深層結構的二分法，也超越了現象文本中表
意手段的單一性。因此，「轉換」是基因文本

同所指總是逃逸的、延遲的一樣，主體的最終
構成也是生殖文本作用不斷延擱的結果，它們
導致了現象文本中種種不確定的意義效果。這
樣，如同德希達的解構論，克里斯多娃的解析
符號學，開放了文本所隱含的無限可能性。然
而，他們兩人又有著根本的不同。德希達基於
「書寫不能在主體的範疇下思考」之認識，對
結構和文本持懷疑主義的態度，從而解構文本
形式的統一性、結構與意義的完整性。克里斯
多娃雖否定文本的封閉性和靜態性，卻關注語
言性質的說話主體，並以論述表意手段的發展
性和變化性，突出了文本意義生成中的生命活
力。這與解構主義者的懷疑論是大異其趣的。
因此，托裡‧莫娃等批評家把她看作「後結構
主義批評家」是不無道理的。

　　綜上所述，克里斯多娃的符號學理論與她
複雜的意識形態背景密切相關。作爲法國左翼
思想家和「先鋒派」批評家，她一方面接受了
馬克思主義、佛洛伊德精神分析與巴特文化意
義批評等理論思想，另一方面吸收了現代語言

注釋：

①俞建章、葉舒憲著，《符號：語言與藝術》，
上海人民出版社，1988 年，第 14 頁。

② Julia Kristeva，*Language the Unknown: An Initiation into Linguistics*, trans. by Anne M. Menken（New York: Columbia University Press, 1989），P. 296.

③同②，第 296 頁。

④同②，第 297 頁。

⑤同②，第 297 頁。

⑥羅蘭‧巴爾特著，《符號學原理》王東亮等
譯，生活‧讀書‧新知三聯書店，1999 年，
第 3 頁。

⑦同⑥，第 2 頁。

⑧ Julia Kristera, "The System and the Speaking Subject", *The Kristeva Reader*, edited by Toril Moi（Oxford: Blackwell Publishers Ltd,

1987），P. 27.

⑨ Julia Kristeva, "Semiotics: A Critical Science and /or A Critique of Science", *The Kristeva Reader*, P. 75.

⑩李幼蒸著，《理論符號學導論》，社會科學文獻出版社，1999 年，第 645 頁。

⑪同⑩，第 644 頁。

⑫同⑨，第 80 頁。

⑬同⑨，第 79 頁。

⑭同⑩，第 646 頁。

⑮同⑨，第 75-76 頁。

⑯同⑨，第 78 頁。

⑰同⑨，第 79 頁。

⑱同⑨，第 74 頁。

⑲同⑩，第 654 頁。

⑳史忠義著，《20 世紀法國小說詩學》，社會科學文獻出版社，2000 年，第 93 頁。

㉑同⑩，第 649 頁。

㉒ Julia Kristeva, "From Symbol to Sign", *The Kristeva Reader*, P. 72.

㉓同㉒，第 69 頁。

㉔同㉒，第 68 頁。

㉕同⑳，第 125 頁。

㉖轉引自黃念然，〈當代西方文論中的互文性理論〉，《外國文學研究》，1989 年 1 期，第 17 頁。

㉗同⑳，第 127 頁。

　　克里斯多娃在早期的符號學和文本研究
中，深受俄國後形式主義理論家巴赫金
（Bakhtin）的影響，對索緒爾的靜態語言模
式以及結構主義的文本理論進行了批評，強調
語言的異質性層面和文本的對話原則、複調結
構以及互文本的生成過程。早在 1966 年初羅
蘭‧巴特主講的研討班上，克里斯多娃就開始
介紹巴赫金，使巴特等法國學者第一次知道這
位俄國文學批評大師。1967 年，她在巴黎《批
評》雜誌上發表《巴赫金：詞語、對話和小說》
這篇重要文章，詳細介紹了巴赫金的主要思
想。此後，西方開始掀起巴赫金的研究熱潮。
其中最爲突出的是，法國理論家茨韋塔‧托多
洛夫 1981 年發表的《米哈伊爾‧巴赫金與對
話理論》一書，他從認識論、語言學、文學史
和哲學人類學等方面，對巴赫金的人文思想和
對話原則作了總結。因此，巴赫金在西方，尤
其是在法國的傳播和接受過程中，克里斯多娃
可謂功不可沒，是她最先把巴赫金介紹給法國
讀者，是她最早闡述和發展了巴赫金的思想，

並把對話原則引入社會、政治和文化生活之中，率先提出了「互文性」這一概念。克里斯多娃關於詞語／文本的對話性、複調結構、詩性語言等方面的闡述主要表現在《符號學：解析符號學研究》（1969）、《小說文本：轉換式言語結構的符號學方法》（1970）、《詩歌語言的革命》（1974）和《複調小說》（*Polyloque*, 1977）等著作中。

一、對話原則

克里斯多娃認為作巴赫金超越了形式主義的侷限，他「拋開了語言學家的清規戒律，揮舞著一支衝動而具有預言性的筆，處理著敍事作品結構分析的基本問題」。②作為作家和學者的巴赫金最早提出文學結構不僅存在，而且是在與其他結構的關係中生成的這一理論主張，從而開始了他對文本結構以及文本之間對話性的動態研究。

俄國形式主義詩學以語言的「文學性」作

爲文學科學的研究對象，並爲「文學性」確立
了若干重要原則，如差異性原則、陌生化原
則、形式化原則等，但它強調的是語言能指本
身的可感性。至於語言對他人究竟言說了什
麼、話語對事物是否具有模仿功能等問題，在
其理論體系中是被排斥的。巴赫金的批評正出
自於此。他繼承了俄國形式主義確立語言爲中
心地位的思想，卻批評其靜態、封閉的研究模
式，而關注文本語言中的「對話性」，注重語
詞的所指作用，並利用所指的「差異性」造成
一種對話不可終結的過程。在他看來，「對話
交際是語言的生命真正所在之處」，但對話關
係「是超出語言學領域的關係」，因而他關注
的中心問題不是一般語言學的語音、辭彙、語
法和修辭問題，而是各種語言材料按照不同的
對話角度組成的語言類型，即對話類型。

(一)詞語／文本間的對話

　　克里斯多娃首先從詞語（word）的概念和
地位闡釋了巴赫金的思想。她寫到：「文字詞
語之概念，不是一個固定的點，不具有一成不

變的意義，而是文本空間的交彙，是若干文字的對話，即作家的、受述者的或人物的，現在或先前的文化語境中諸多文本的對話。」③

巴赫金引入「詞語地位」的概念，認爲它是結構的最小單位。研究詞語的地位，意味著研究該詞與句中其他詞語的連結情況，並且從更大的連結層次上探討其相同的功能關係。話語系列連結含有三個成分，即寫作主體、接受者和外來文本。話語的地位可以從兩個方面去確定：一、橫向：文本中的話語同時屬於寫作主體和接受者；二、豎向：文本中詞語與以前的或共時的文學材料相關。接受者只能以話語的形式包含在文本的話語世界之中。換言之，他就是與文本中的他人話語融爲一體，作者有針對性地寫出自己的文本。於是，橫向軸線（主體──接受者）與豎向軸線（文本──語境）相交彙，揭示如下一個重要事實：詞語（文本）是衆多詞語（文本）的交彙，人們至少可以從中讀出另一個詞語（文本）來。在巴赫金的著作中，他把橫線稱作對話，而把豎線軸稱作雙

重性。對話與雙重線概念在巴赫金那裡並未區
分得很明顯。克里斯多娃卻作了更多的補充。
她從如下幾個方面來捕捉對話關係,諸如語言
與言語的二重組合(combinative dyad);語言
體系(集體語言與個人語言,與他人對話中表
現出的相關價值體系)與言語體系(言語的組
合性實質,言語不是一種純粹的創造,而是以
符號交換爲基礎的個性化語言組合)等。另
外,語言本身具有二重性,表現爲意群結構
(syntagmatic)(以換喻爲特點,透過伸展而
實現)和體系結構(systematic)(以隱喻爲特
點,透過關聯而實現)。語言意群結構與體系
結構的對話交流是小說二重性的基礎。對上述
兩個軸線的對話交流的語言學分析非常重
要。而且,克里斯多娃還注意到雅各布森的雙
重結構及其在規約/資訊關係中的相互關係
有助於闡明巴赫金關於潛在對話性的思想。④
　　巴赫金把「互文性」引入文學理論之中,
以爲任何文本是引語的拼湊,又是另一文本的
轉化和吸收。於是,詩性語言具有雙重性,這

是因爲文本最小單位的詞語充當著仲介者的
作用，它把結構模式與文化、歷史環境，把從
歷時向共時演變的調節結構與文學結構結合
起來。「地位概念的核心是把詞語置於空間，
承認詞語是一個對話中的符號成分的整體，或
者說是由具有雙重性成分構成的整體，從三個
方向（主體——接受者——語境）發揮自己的
功能」。⑤

　　對不同文學體裁或文本中詞語的特殊運
作情況的發現，要求使用超語言，即以語言爲
工具的方法。這意味著，首先必須視文學體裁
爲不能離開語言，並提高語言表意的不完整的
符號體系；其次，探討句子、辯駁、對話等大
的敍事單位之間的關係，不必完全遵循語言學
的模式。克里斯多娃提出並論證了下述設想：
文學體裁的任何演變都是不同層面的語言無
意識的表露，小說特別表明了語言的對話性
質。

　　克里斯多娃還從詞語與對話的關係闡述
了巴赫金的對話原則與俄國形式主義者的區

別。俄國形式主義者關注「語言對話」這一概
念,強調語言交際的對話性,相信作為共同語
言的「胚胎形式」的獨白產生於對話之後。有
些形式主義者還區分了獨白話語與敘事這一
概念,斷言前者代表精神狀態,後者是獨白話
語的模仿。鮑裡斯 · 艾亭保姆 (Boris
Eikhenbaum) 對果戈里的《外套》的著名分
析就是基於這一觀念。艾亭保姆注意到果戈里
借鑑了一種口頭敘述形式及其語言特點(如語
調、口頭話語的句法及詞法結構),把敘事分
為直接和間接兩種形式,並研究它們之間的關
係。但是,他沒有注意到,果戈里在借鑑口頭
言語之前,先以他人言語為參照體系,口頭言
語只是他人言語的一種結果,居於次要的地
位。

　　克里斯多娃認為巴赫金比他們大大前進
了一步。巴赫金關於對話與獨白的區分遠超過
俄國形式主義者使用這兩個術語時的具體概
念:對話與獨白的區分不等於間接方式與直接
方式的區分。對話可能呈現出獨白方式,而獨

白也可能是對話性的。對巴赫金而言，對話理
論的研究，既不能滿足於語言學方法論，也不
能沿用邏輯學的方法論，而應該以兩種方法論
爲基礎，建立一種符號學的方法論。「語言學
研究『語言』，研究使對話成爲可能的語言邏
輯及其單位，而不研究對話關係本身……對話
關係也不等於邏輯或具體的語義關係，它們本
身無對話時刻……沒有邏輯關係和具體的語
義關係，對話關係乃空中樓閣。然而對話關係
絕不僅僅等於邏輯關係和語義關係，它們有自
身的獨特性。」⑥在指出對話關係與語言關係
的差異時，巴赫金強調建立敍事結構的對話關
係。

(二)敍事結構的對話關係

　　巴赫金在分析杜斯托也夫斯基的小說
時，發現他的創作是一種「全面對話的小說」。
這首先表現在小說主角身上；其次，是主角和
作者的關係。小說人物對自己和對世界的議
論，與作家的議論有同等價值，在這些議論、
辯護中，作者的觀點遠非占主導地位。在〈審

美活動中的作者與主角〉一文中，巴赫金將作者與主角的關係分為三類：主角掌握作者；作者掌握主角；主角即作者。在後來的《小說話語》中，他又擴大了對話的範圍，把敍事者與主角，都歸結為「說者」，由此進入了說者與聽者的領域。而在他從普通的說者與聽者的關係研究話語的時候，又談起了與此相對應的一對關係：作者與讀者。這是以小說文本為媒介的一對特殊的說者與聽者的關係。巴赫金花了十五年的時間完成了對「作者與主角，主角與主角，作者與讀者」的諸多對話關係的探討。在他的理論中，對話的雙方始終處於平等的地位，即使作為主角的創造者，與主角、與讀者都處於平等的地位。說者──作者往往依靠對聽者──讀者的揣摩組織話語、修改話語，而聽者則以積極理解，以其回答支援說者，符號的指向透過雙方的對話性交流而完成。

　　克里斯多娃發展了巴赫金的思想，在研究敍述者──接受者的關係之外，還提出了陳述行為主體（subject of enounciation）和陳述文

主體（subject of enounce）的關係。

敘述主體透過敘述行為面對對方，敘述的結構完全把接受者（addressee）考慮在內。那麼，敘述主體（S）與接受者（A）的關係除了表意手段和表意內容的關係之外，還存在著一種對話關係。作為閱讀主體的接受者代表一個雙向實體，在他與文本的關係中扮演著表意手段的角色，在敘述主體與他的關係中又扮演著表意對象的角色，因此他是一個二元結構（A1、A2），二元之間相互交流，構成一個規約體系。敘述主體（S）既排斥於這個體系之外，又涉足該體系之內，退化為一種規約、一種無人稱的匿名狀態，並以第三人稱、陳述文的主體「他／她」作為媒介形式。因此，作者是變形的敘述主體，他不表示具體的人或事，而代表主體（S）到接受者（A），故事到話語中的轉換的可能性，代表一種匿名、缺席和空白的狀態。作為人物標誌的「他」從作者所處的匿名狀態或零度狀態應運而生，隨後又以姓名（N）的形式出現。姓名形式最好地表現了

從零到一這一生產奇蹟，它構成了陳述主體的
媒介。在主體與他者、作者與接受者的交往
中，作者被建構爲能指，文本被建構爲兩種話
語的對話。人物的形式則使主體分離爲陳述行
爲主體（Sr）與陳述文主體（Sd）。這種變化
情況如圖所示：

$$\underset{A_1 \quad A_2}{\overset{S}{\overset{|}{A}}} - W（零狀態）- 「他」- N=S \begin{array}{c} \nearrow Sr \\ \searrow Sd \end{array}$$

其中，主體（S）$\Longleftrightarrow$ 接受者（A）是一
種對話關係，完全表現於寫作（主體）言語之
中。作家的對話者，即是作爲讀者的作家本
人，他似乎在閱讀另一文本，寫作之人也就是
同一閱讀之人。因此，文本的建構似乎以另一
文本作對照，對話結構就存在於文本中。

陳述行爲的主體（Sr）$\Longleftrightarrow$陳述文的主體
（Sd）是對話結構中的關係模式。它有若干
種對話關係的可能性：一、陳述文中的主體與
陳述行爲的主體的零度狀態相吻合，以「他／
她」或姓名的形式出現。這是敍事誕生時的最
簡單的敍述技巧；二、陳述文的主體與陳述行

爲的主體相吻合，以第一人稱的形式出現；
三、陳述文的主體與接受者相吻合，以第二人
稱敘事的形式出現。四、陳述文的主體與陳述
行爲的主體以及接受者相吻合，於是小說變成
了對寫作的問卷，並展示了小說對話結構的發
展過程。與此同時，文本又透過引語和評述對
其他文本進行解讀，進而獲得雙重性。⑦

克里斯多娃關於作者與讀者／接受者的
關係具有更多的後結構主義色彩，她把作者視
爲一種零狀態、一種空白的觀點，無疑受到了
巴特的「零度寫作」理論的影響。在她看來，
作者與讀者如同狂歡節中的參與者扮演著演
員／觀衆的雙重角色。這一觀點深化了巴赫金
的對話理論，使讀者在與作者的對話中具有更
多的主觀能動性。

(三)雙聲語

巴赫金不僅看到了小說的對話本質、對話
的多種藝術形態，而且探討了藝術對話的深層
內涵，提出了「雙聲語」的研究問題。何謂雙
聲語？巴赫金認爲，在各種藝術體裁的言語表

述中,「話語具有雙重的指向——既針對作為
一般話語的言語對象而發,又針對別人的話語
即他人言語而發」。⑧這對於闡明作品的語言
特色、創作風格以及創作特徵意義重大。在文
學作品的「仿格體(模仿風格體)、諷擬體(諷
刺性模仿體)、對話體」中,雙聲語現象是一
種普遍的存在。巴赫金用這種超語言學觀點對
杜斯托也夫斯基小說語言的分析,真是曲盡其
妙。這裡有獨白中的人稱不斷變換的對話,有
對話中不時間斷的對語,有虛飾、暗示的對
話,有主角精神變異後的分裂性的對話,即使
是精神亢奮、感到孤獨無援的長篇獨白,同樣
充滿了對他人話語的反應,變成斷斷續續、若
即若離的對話與對語。

　　克里斯多娃則把小說中的雙聲語劃分為
三大系列:一、單向雙聲語,包括風格方面,
敘述者的敘事,作為作者觀念代言人的人物的
非客體性言語、敘事中的代詞形式;二、多重
雙聲語,有各種類型的滑稽模仿,滑稽類童
話,滑稽類間接引語,滑稽人物的言語以及對

他人言語的各種參照形式；三、主動型言語，
即由敍述者的言語代表的他人言語，包括隱性
內部爭論，爭論性自傳及懺悔，引語，仿對話
體言語，對話式的爭論。⑨

　　雙聲語是兩個符號體系會合的產物。風格
效應與模仿不同，與他人言語產生了一段距
離。這類語言的特點是：作者從自己的目的出
發，控制他人言語，常常存在指物述事的現
象，但不觸及他人言語的思想實質。滑稽模仿
是第二類雙聲語的典型，它借他人話語說話，
卻賦予與意願相反的意思與方向，話語成了兩
種聲音爭鬥的舞台。第三類雙聲語往往是利用
他人的觀點做文章，利用他人的話語來表達思
想，因此這種表述帶有明顯的虛擬性特徵。爭
論式自傳及懺悔、對話式爭論，隱形對話等都
源於這一類雙聲語。克里斯多娃認爲：「小說
是唯一具有雙聲性言語的體裁，這是小說結構
的特徵。」⑩這未免不是言過其實，事實上，
對話體寓言，引入他人言語而注入新意的自
傳、散文或戲劇唱詞等，都可能擁有雙聲語。

㈣對話體的來源

　　對於對話性，這個自古就有的現象，巴赫
金作了探流索源。如同尼采發現「酷似生育有
賴於性的二元性」，「藝術的持續發展是和日神
和酒神的二元性密切相關」，⑪ 巴赫金發現對
話體是雙聲語的作品，如諷刺性類比，産生於
二元的因素：蘇格拉底對話和梅尼普諷刺。對
此，克里斯多娃作了詳細的闡述，尤其是關於
梅尼普諷刺體的分析可謂精闢入微，恐怕很少
有人像她一樣作過如此深入、全面的探討。

　　蘇格拉底（Socrates）對話是遠古時期一
種很普及的文體。由於是對蘇格拉底及其弟子
們的談話的回憶整理，所以文體不受歷史的束
縛，只保留蘇格拉底透過對話揭示真理的方式
以及夾敘夾議的結構氣氛。尼采曾指責柏拉圖
輕視酒神悲劇，但蘇格拉底對話恰恰採納了狂
歡節場景的對話結構和表示異議的精神。對巴
赫金而言，蘇格拉底對話體的特徵在於反對官
方權威性的一言堂文風。蘇格拉底的真理來自
於辯論者的對話關係，其關聯性和觀察性表現

在觀察者的獨立觀點之上。對照法（syncrisis）
和引發法（anacrusis）是蘇格拉底對話的兩種
基本手法。對照法，「是把對同一事物的不同
觀點加以對比」。對位元、複調結構應該說是
這一手法的發展。引發法則是指：「引起對方
講話，迫使他發表見解，且言無不盡。」⑫ 蘇
格拉底對話體持續的時間不長，但它對西方文
學的影響很大，並促使梅尼普諷刺體等幾種文
體的出現。

梅尼普文體是因西元前 3 世紀的哲學家
梅尼普（Menippus）而得名，他本人的諷刺作
品已經失傳。羅馬人使用這一術語指西元前 1
世紀產生的一種文體。其實，梅尼普文體的誕
生要早得多，它的第一位代表人物安提西尼
（Antisthenes）是蘇格拉底的學生、蘇格拉底
對話體的作者之一。赫拉克利特（Heraclitus）
也寫過此種文體。希波克拉底（Hippocrates）、
塞尼爾（Seneca）等古希臘作家的作品、諷刺
文等都屬於這一文體。它極大地影響了基督教
文學和拜占庭文學，並以多種形式殘存於中世

紀、文藝復興、宗教改革時期乃至當代的文
學。

　　梅尼普文體悲喜劇色彩兼有，文學幻想大
膽新奇，魔幻手法，神秘象徵主義與黑色自然
主義融爲一體。其冒險故事的場景往往集中於
妓院、賊穴、酒店、市場與監牢等地方。這一
文體不受既定價值的束縛，避談經院問題，而
關注人類生存的「終極」問題，本體論、宇宙
論和生活中的實用哲學常混爲一談。詩史、悲
劇中不具有的荒誕成分顯而易見，瘋狂、夢
囈、死亡等成爲敍事的題材。巴赫金認爲這些
材料發揮結構上的作用勝過題材上的意義，其
目的在於摧毀史詩和悲劇的統一性，破壞人們
對同一性和因果關係的信仰，揭示人已失去其
完整性，從而潛心挖掘語言和文字的意義。怪
誕、離奇的語言傾向，公開諷刺的不「恰當」
表述、對神聖教義的褻瀆以及對成規的批判構
成了梅尼普文體的主要特徵。而且，各種題材
渾然一體，詩與散文比肩而立，其結構意義在
於說明作者與文本，與其他文本的距離。梅尼

普文體的多種風格共存、多種語調共處的對話
特徵與古典主義及專制社會是水火不相容
的。因此，這種文體具有狂歡化詩學風格，成
爲西方文學兩種傾向的發源地，即以語言爲舞
台的戲劇化表現以及作爲符號關係體系的語
言本身的探掘。梅尼普文體的語言既是外部空
間的表現，又是自身空間的生產實踐，既是複
雜的象形文字，又是生動形象的演出，其二重
性存在於戲劇空間和文字空間，語言的表現空
間與語言自身的實踐空間。總而言之，梅尼普
文體的語言如同狂歡化言語，反對亞里斯多德
的邏輯以及基於這一邏輯之上的官方或正統
的思想。小說，尤其是現代派小說繼承了梅尼
普文體的二重性傳統。克里斯多娃認爲喬伊
斯、卡夫卡、普魯斯特等現代派小說家的作品
無不受此種文體的影響。「只有在人們從上帝
的信仰中解放出來的現代社會，小說才釋放出
梅尼普文體的力量。」⑬

二、獨白話語與複調話語

　　小說話語是一種描寫、敍述的話語。這種
話語又有「獨白」和「複調」的區別。區別之
處在於話語自身是否具備對話功能。

　　在巴赫金看來，千百年來的文學創作與作
品的主要方面，被一種獨白思想所占據。這種
思想是建立在西方傳統形而上學的基礎之上
的。形而上學將一切關於真理的觀念建立在一
種先驗的假定之上。它給人以定義，給世界以
秩序，給生活以意義。這種假定得到了「邏各
斯中心主義」的確認，認爲語言可以穿透存
在，毅然地道出最終的話語，而忽視語言能指
和所指的任意性和差異性。因而在這種話語中
對話根本無法產生。

　　基於獨白思想的小說以一種全知全能的
視角進行敍述。作者在人物外部冷靜地觀察、
描寫、評判，人物的語言、心理和行爲都被納
入作者的意識。敍事結構借助於線性的物理時

間,給生活與事件完整的秩序。巴赫金認爲杜斯托也夫斯基以前所有的歐洲小說都屬於獨白小說,而托爾斯泰的作品是典型代表。

　　與獨白小說相對的,則是建築在對話關係上的複調小說。所謂「複調」或「多聲部」不是指不同形象的涵義在作者統一觀點的上下文中形成的對照,而是聲音作爲彼此處在平等地位的觀點在直接交鋒;作者沒有大於主角的意識,他們的聲音都以等價的權利參加對話。巴赫金在談及杜斯托也夫斯基的小說時說:「許多種獨立的和不相混合的聲音和意識,各種有完整價值的聲音的真正複調確實是杜斯托也夫斯基小說的基本特點。」⑭接著,他闡述了這位俄國作家的三大發現:一、他「創造著獨立於自身之外的有生命的東西,他與這些再造的東西處於平等的地位。作者無力完成它們。」;二、「發現了如何描繪自我發展的思想。思想成爲藝術描繪的對象。思想不是從體系方面(哲學體系、科學體系),而是從人間事件方面揭示出來。」;三、「在地位平等、價

值相當的不同意識之間，對話性是它們相互作用的一種特殊形式。」⑮這就是巴赫金關於複調小說的基本思想。

克里斯多娃則從「敍述文體」這一概念入手，更深入地討論了獨白話語與對話／複調話語所涵蓋的敍述體裁，並指責俄國形式主義者所使用的「敍述文」這一術語太含糊了，不能包含它所指涉的所有文類（genres）。

獨白話語包括描述文和敍述文（史詩）的表現形式、歷史話語和科學話語。在這些話語中，主體屈從於代表統一性的上帝與規律。話語中固有的對話性被扼殺，以致話語拒絕回到自身、進入自我的對話之中。

在史詩中，作為符號關聯物的語言對話遊戲，即能指與所指的對話性變換，沒有透過指示性詞或文本固有的特點在敍述層面進行。它不像小說結構一樣，在文本的表像上揭示自己，也不具有巴赫金所說的雙聲語的特點。因此，史詩結構的組織原則是獨白性的。陳述的歷時與共時兩面均受到敍述者全知全能的視

點，即與上帝或社區相一致的視點的限制。在
史詩獨白體中，可以發現德希達所強調的「超
驗所指」的在場以及「自我的在場」。對雅格
布森來說，這種語言體系模式瀰漫於所有的史
詩空間。語言意群軸線（syntagmatic axis）上
的換喻（metonomy）十分罕見，它們不能成
爲史詩結構組織中的成分。史詩邏輯遵循著從
個別到普遍的原則，具有等級結構。所以，史
詩的邏輯是因果律的或神學性的，它對詞語字
面意義深信不疑。

如果把小說話語與史詩話語同化，那麼小
說話語就會成爲一種獨白話語。克里斯多娃指
出，所有遵循 0-1 的常規的現實主義小說都是
教條主義的。現實主義的描寫、「個性」的界
定、「人物」的塑造、「主題」的發展，所有這
一切的描述性敍事成分都屬於單一的邏輯範
圍。只有狂歡化話語可以打破這些戒律，打破
0-1 的常規而以 0-2 的活力構成多重寓意、意
象與結構的話語體系。⑯在克里斯多娃看來，
複調小說不僅僅是一種多聲部的對話性小

說，它應該具有狂歡節式的結構、多線交錯切割的敍述以及戲擬似的語言遊戲等特徵。巴赫金以拉伯雷、斯威夫特和杜斯托也夫斯基爲例，闡發他的複調小說理論，克里斯多娃則更關注喬伊斯、普魯斯特、索萊爾斯等 20 世紀現代派小說家的複調敍述技巧。在她看來，現代派的複調小說猶如以前的對話性小說，但又與它們有著明顯的區別，大約以 19 世紀末爲界。拉伯雷、斯威夫特和杜斯托也夫斯基這三位作家還停留在表面和虛構層面，20 世紀的複調小說卻已達到了「無法解讀」的程度（喬伊斯），並深入語言內部的異質性層面（普魯斯特、卡夫卡），具有顛覆整個傳統價值、語義邏輯和小說敍述方式的鮮明特點。19 世紀末的決裂不僅是文學方面的，同時也是社會的、政治的和哲學的。正是從這次決裂開始，才真正提出了「互文性」，即文本間的對話問題。巴赫金的理論本身就是這次決裂的歷史產物。他在馬雅可夫斯基（Mayakovsky）、安德雷貝利（Andrei Bely）等俄國革命作家的小說

中找到了文本間的對話。因此，克里斯多娃認
爲，巴赫金的對話原則包含著語言和新的邏輯
之雙重性。在破壞原有規範時創立自己的新規
範是對話原則的一個重要特徵。

三、狂歡化詩學與詩性語言

「狂歡化」（carnivalesque）這一術語是
巴赫金在研究拉伯雷的文學創作中提出來
的。他認爲拉伯雷的作品籠罩著一種「狂歡」
的氣氛，獨具一種「狂歡」的美學品格。在巴
赫金看來，與中世紀封建教會、「嚴肅」的官
方文化相對立的，是與狂歡節傳統相連的民間
笑文化。這種文化深深根植於群眾之中，是反
神學和反理性的。在其發展史上，一直受到西
方正統文化的漠視與壓制。但是，狂歡化文化
的影響在文學發展的任何時代都是不可忽視
的，尤其在文藝復興時期它不僅異常有力，而
且直接、明顯地表現出來。可以說，文藝復興
是意識、世界觀和文學的直接狂歡化。而這一

時期狂歡化文學的典範當推拉伯雷的創作。

　　巴赫金極力欣賞拉伯雷以酣暢淋漓、歡快奔瀉的語言描繪出的狂歡節世界，認為它與杜斯托也夫斯基所描寫的陰鬱、灰色的世界大相徑庭。這是全民性的喜劇和盛宴，是真正的平民大衆的狂歡節日。它以民間笑話和對封建教會的戲擬為主導，神聖和卑俗相倒置，詛咒與讚美相混雜。它追求自由平等，反對官方文化與社會道德，頌揚褻瀆神靈和離經叛道的行為，謳歌充滿生命力的創造精神。「它嘲弄、顛覆、消解、懸置一切妨礙生命力、創造力的等級差異。它是與官方文化、精英文化對立的反文化、俗文化、大衆文化。」⑰拉伯雷創造了再現這個民間文化的「怪誕現實主義」。

　　在克里斯多娃看來，狂歡結構猶如宇宙起源的痕迹。宇宙起源論認為整體存在於關係之中，透過關係而存在，關係之外的物質、起因和形態是不存在的。狂歡文化根植於民間活動和反神學的鬥爭之中，並在民間遊戲以及中世紀戲劇、散文（軼事、寓言等）中得以表現。

在狂歡結構中，廣場具有舉足輕重的作用，它
既是遊戲又是夢幻，既是言語又是演出，是語
言可以擺脫直線性發展規律而朝著戲劇的三
元方向發展的唯一空間。而且，廣場是平民大
眾節日文化的薈萃地，是平民大眾的象徵、全
民性的象徵。在那裡，無禮的遊戲、詼諧的鬧
劇、村言俚語、諷刺性類比著「詩人、學者、
僧侶、騎士」的高雅語言和官方的獨白式語
言。在那裡，雜語現象大行其道，而等級制和
「單一的真理語言」瓦解。總而言之，狂歡節
廣場是言語潛在的無限能量得以實現的唯一
場所。在這個場所裡，話語打破單一的語言演
變規律，具有「逆向」、「反向」、「顛倒」的語
義邏輯、插科打諢的雙向語言以及一系列二元
結構的對話，諸如生與死、笑與哭、食物與糞
土、讚揚與詛咒。梅尼普文體吸收了狂歡文化
的這一傳統，複調小說則實踐了這一傳統。而
狂歡化邏輯為克里斯多娃建構詩性語言鋪平
了道路。

　　克里斯多娃採用了俄國形式主義者所使

用的「詩性語言」（poetic language）這一術語
來建構她的文學語言理論。詩性語言，如同狂
歡化話語，是一種特殊的言語行爲、一種特殊
的語義邏輯，是不能以標準語法理論來進行分
析的語言異質面。詩性語言運用種種策略，破
除語言秩序、規則和邏輯，使語言回到它的原
初狀態，那種活生生的、充滿激情和神聖的感
性狀態。在《詩歌語言的革命》等著作中，她
試圖建構詩性語言理論，並把它用於文學批評
實踐之中。

　　克里斯多娃把「象徵」（symbol）與「記
號」（semiotic）視爲語言的兩面，前者是語言
的指涉與交際層面，它表達單一的意義，後者
是語言的物質層面，包括語言的節奏、韻律，
具有遊戲與非邏輯特性。它否定象徵秩序中的
線性和邏輯序列。詩性語言就產生於記號與象
徵的對話運作之中。這兩種語言力量的相互融
彙、轉換和更新，給既定的言語提供了多樣化
的意義。

　　克里斯多娃的詩性語言理論是建立在拉

康的精神分析學的基礎之上。她以「記號」與
「象徵」的區別代替了拉康的「想像」（the
imaginary）與「象徵秩序」（symbolic order）
的區別。「記號」與前俄狄浦斯的最初過程相
關。在這一階段，孩子不會說話，卻有一種由
肛門和口唇引起的基本衝動，這一衝動本質上
是流動的、沒有模式、不定形的，與聲音、節
奏相似。這一節奏的流動可以被視為一種語
言，雖然它還沒有意義。為了使真正的語言產
生，似乎必須切斷這條複雜的欲動之流，將其
分割為穩定的語詞。因此，在進入象徵秩序之
時，記號過程就受到壓抑，然而這種壓抑並不
完全，可以在語言之內找出作為欲動壓力的標
記：在語調和節奏，即語言的身體性和物質性
之內，或者在語言的矛盾、無意義、混亂和空
缺之處。用特裡‧伊格爾頓的話說：「記號是
語言的『他者』，然而它又與語言緊密地糾纏
在一起。因為記號源於前俄狄浦斯階段，所以
它與兒童和母親的肉體的接觸有關；而象徵秩
序，正如我們所看到的，則與父親的律法相

威與常規開戰，否定形而上學的統一性，打破
傳統的語義邏輯結構，釋放語言多義的無限潛
能，因而具有變易性、雙重性、否定性以及語
義滑離、無邏輯等主要特徵。

克里斯多娃認爲波特萊爾（Boudelair）、
巴塔耶（Bataille）等象徵主義詩人的創作是
運用詩性語言的典範。他們的詩歌充滿了矛
盾、多義的隱喻和意象，以及生與死、愛與恨、
樂與悲等雙重語義現象。創作使他們釋放出潛
意識中躍動的驅力，產生一種衝破戒律的歡愉
與狂喜。於是，抑鬱症和痛苦的心理被燃燒到
熔點，興奮狀態在無限性和空間之中得以體
驗，記號也因此獲得完美的變換形式。這樣的
過程使童年時代的發展得到永遠地再塑。「童
貞時代」，波特萊爾以爲就是肉體的完全色情
化的時代，也就是肉體真正兒童化的時代。在
把它寫入多樣化的作品時，兒童時代就使驅力
變成理想的狀態。

波特萊爾從超現實主義的立場出發，把符
號象徵的原則置於其他一切事物之上，使肉體

的愉悅絕對化。他使用純抽象的數之概念，並使自己在創作的語源學意義中變成「詩的化身」。「一切是數，數是一切，數存在於個體之中」。㉒所有的藝術都是由空間構成的，因為藝術是「數，而數是空間的轉換。」在《人造樂園》中，當他反對「無窮數欣賞力的墮落」時，他渴望透過詩的結構成為超人。這種詩的結構應該不但脫離視覺和低淺的慾望，而且脫離了正常的意義，使自己可以和音樂爭勝。然後，視力變成了「內在的耳朵」，耳朵成為「內在的視力」，以便吸收被認作音樂的全部數的結構。

不斷說出的象徵和想像的無限性，是透過數位和符號創造了自我藝術家的追求。如果波特萊爾式的人是「對立並互相離心的運動的連結，這兩個方面的運動一個向上，另一個向下」，就可以看出，這種緊張狀態完全是波特萊爾在他的美學中和透過他的美學創造出來的，更嚴格地說是在他的隱喻中或透過他的隱喻創造出來的。

在波特萊爾的作品中,「愛」往往與「愉悅」、「慾望」以及「死亡」、「碎片」、「屍體」等意象相連。「它既像藝術,又是一種賣淫」;既給人帶來肉體的歡樂,又帶來死亡的氣息。這種矛盾、對立的意象和隱喻比比皆是。

「香氣」是波特萊爾筆下的主題之一,它隱含著多重意義。「她的呼吸創造出音樂;她的聲音散發出香氣。」(《全盛之地》);「那香氣似幼兒的乳香;像雙簧管一樣柔和,像春草一樣翠綠;而另外的事物雖腐敗,卻掌握著冥冥萬物的權力。」(《和諧》);「我的心是暴徒聚集的宮殿;他們在那裡肆虐逞兇,胡作非爲;這時,正是香氣飄蕩在你赤裸胸懷的時候!」(《對話》);「美人兒,靈魂的無情災害!;你的意志／你噴火的眼睛像節日爆發的焰火;燒盡了肉體的碎片(《對話》)。㉓

從腐敗到香氣,從極端感性快樂到知識的傾倒中的變態情愛以及被性愛化的自我均變成了一個個隱喻。移情、隱喻不是轉移到另一個目標,而是懸浮於空中,把自我提升到不可

見的彼岸世界。

　　波特萊爾的愛可能具有把魔鬼置於死亡的能力，以及宣布自我表現墮落的能力。作為破壞單一涵義和作為趨向無限性象徵的隱喻，正是愛的對話。在這裡，上帝倒向魔鬼，反過來，魔鬼也倒向上帝。

　　同樣，巴塔耶的性愛也具有死亡的陰影。《我的母親》中的主角，除了死亡之外，沒有什麼能夠滿足他的要求。「死亡，在我眼裡，其神聖性不次於太陽。在我母親眼裡也如此。透過她的罪惡行為，死亡比任何時候我透過教堂的窗戶所看到的東西更接近於上帝。」㉔而當他寫道：「最大的黑暗只與光明相像」，他把融合兩種對立的語義學領域（黑暗、光明）的正相反的隱喻展現在我們面前。透過這種異質性的結合形成壓力，他創造了無意義的效果，一種不穩定的狀態。然而，這不是空無。將提出來相互對立的隱喻的奇特時刻就是隱喻效果最充分的時候。主題與意義的色情火焰以同樣的方式，像不發光的太陽和不能忍受的死亡

一樣在燃燒。在此，我們發現了作為最完整編碼的對立的隱喻過程的連結。

波特萊爾和巴塔耶的隱喻的矛盾邏輯根植於他們偏愛的虛構和不規則的傳統之中。「不清醒的頭腦想像出狂熱的幻想，反覆無常的夢境，奇形怪狀的觀念結合在一起，各種雜亂無章的樣式連鎖在一起」。㉕隱喻是由無限制的意義和荒謬構成的。由於隱喻是不存在的符號，它就在意義的遲延中，在敍述澄清某種不存在的色情表演的時刻，達到了它的頂峰和完整性。

在克里斯多娃看來，洛特雷阿蒙、馬拉梅等現代派詩人具有一種更「革命性」的寫作方式。他們的作品中，那種突然變換、省略、停頓及缺乏邏輯結構的寫作方法，能夠使軀體與潛意識的節奏衝破傳統社會意義的嚴密防線，並透過逾越象徵秩序的邊界，把記號改造成一個新的象徵域，從而表達出不可言說的東西。

克里斯多娃的詩性語言理論如同狂歡化

詩學都是對語言異質層面的探討。它突破傳統的語義邏輯結構，摧毀二元對立的等級制，強調未完成性、變易性與雙重性，堅持文本的開放性及意義的多樣化，因而具有一種「顛覆性」或「革命性」的意義。詩性語言可以說進一步深化了狂歡化詩學的「革命性」本質。詩性語言主要用於現代派詩歌創作，狂歡化話語則更多地表現於散文、小說之中。

綜上所述，對話原則是 20 世紀西方文學理論中的一個重要內容。巴赫金率先從言語、小說敘事結構等方面探討多種形式的對話功能，超越了形式主義靜態、封閉的研究模式，開啟了對文本結構以及文本之間的動態研究過程。克里斯多娃則繼承，並發展了巴赫金的理論。她不僅闡述了巴赫金所談到的語言固有的對話性、文本表意手段與敘述結構中的多種對話原則，而且還從研究詞語地位的概念入手，探討了詞語／文本之間的對話關係，提出了「互文性」這一術語，並把它引入文學理論之中。在研究小說文本敘事結構的對話關係

中,克里斯多娃提出了陳述行為主體和陳述文
主體的關係;她關於作者與讀者／接受者的關
係具有更多的後結構主義色彩,她把作者視為
一種零度狀態、一種空白的觀點,更接近巴特
的「零度寫作」理論,乃至使讀者／接受者大
有超越作者地位的另一種傾向。

在對小說文本的研究中,克里斯多娃更強
調具有狂歡化話語特性的梅尼普文體對現代
派小說的影響,認為現代派小說的多重敍述超
越了巴赫金所論述的拉伯雷、杜斯托也夫斯基
等作家作品中的對話原則,具有更多戲擬式的
語言遊戲以及多線交錯切割的敍事技巧等特
徵。而且,在小說互文本的生成過程中,克里
斯多娃對現象文本與基因文本的對話與轉換
關係作了較深入的探討,認為現象文本是文本
的語法和語義的表層結構,基因文本則「是現
象型文本結構化的場所,是意義生產之場所。」
基因文本表現在語形、語音等語言的表意資料
不斷生殖,因而也不斷對話的無限過程,它相
當於轉換語法的語言能力層面,是文本的深層

結構。在這一層面，基因文本的對話從風格範
疇進入到語義範疇。我們可以說，在文學範圍
內，巴赫金的對話理論主要停留在現象和風格
層面，而克里斯多娃則進入了語義結構及文本
生成過程的層面。

關於文學語言理論，克里斯多娃在闡釋狂
歡化詩學的基礎上，試圖建構一種詩性話語，
她創造了「記號」、「象徵」、「子宮間」等術語，
並把它們運用於文學批評之中，對波特萊爾、
巴塔耶、洛特雷阿蒙等象徵主義和現代派詩人
的作品作了富有創建性的解讀。克里斯多娃的
詩性語言是一種顛覆傳統與權威的「革命性」
語言，並爲女性主義者提供了批判象徵秩序中
男權話語的有力武器。

注釋：

①托多羅夫著，《巴赫金、對話理論及其他》，
蔣子華等譯，百花文藝出版社，2001 年，
第 171 頁。

② Julia Kristeva, "Word, Dialogue and Novel",
The Kristeva Reader, edited by Toril Moi
（Oxford: Blackwell Publishers Ltd, 1986），
P. 35.

③同②，第 35 頁。

④同②，第 36 頁。

⑤同②，第 35 頁。

⑥同②，第 38 頁。

⑦史忠義著，《20 世紀法國小說詩學》，社會
科學文獻出版社，2000 年，第 190-191 頁。

⑧轉引自錢中文，〈論巴赫金的交往美學及其
人文科學方法論〉，《文藝研究》，1998 年 1
期，第 76 頁。

⑨同⑦，第 187-188 頁。

⑩同⑦，第 189 頁。

⑪董小英著,《再登巴比倫塔——巴赫金與對話理論》,三聯書店,1994 年,第 48 頁。

⑫巴赫金著,《杜斯托也夫斯基詩學問題》,三聯書店,1992 年,第 161 頁。

⑬同②,第 55 頁。

⑭同⑧,第 73 頁。

⑮同⑧,第 73 頁。

⑯克里斯多娃認為 1 代表語言學、心理學和社會學中的戒律,即上帝、規律和定義等,只有詩歌語言可以打破這些戒律,打破 0-1 的常規而以 1-2 的活力構成詩的結構、意象和寓意。參見史忠義《20 世紀法國小說詩學》第 186 頁注釋②。

⑰劉康著,〈文化的喧嘩與對話〉,《讀書》,1994 年第 2 期,第 90 頁。

⑱特里·伊格爾頓著,《20 世紀西方文學理論》,伍曉明譯,陝西師範大學出版社,1988 年,第 206 頁。

⑲ Julia Kristeva,"Women's Time", *The Kristeva Reader*, P. 191.

⑳托里·莫娃著,《性別╱文本政治》,陳潔詩

譯，駱駝出版社，1984 年，第 160 頁。

㉑ Julia Kristeva,"Revelution in Poetic Language",
The Kristeva Reader, P. 95.

㉒ Julia Kristeva, *Tales of Love*, trans. by Leons.
Roudiez（New York: Columbia University
Press, 1987）, P. 323.

㉓同㉒，第 334-336 頁。

㉔同㉒，第 365 頁。

㉕同㉒，第 320 頁。

　　互文性（intertextuality）理論是在西方結構主義和後結構主義思潮中產生的一種文本理論。它涉及到當代西方一些主要文化理論，並覆蓋了文學藝術中不少重大問題：如文學的意義生成問題，文本的閱讀與闡釋問題，文本與文化表意實踐之間的關係問題，批評家的地位問題等等。「互文性」這一術語最早由克里斯多娃在《符號學：解析符號學》一書中提出的，在隨後的《小說文本：轉換式言語結構的符號學方法》中，她以一章的篇幅詳細論述了「互文性」概念的內容。

　　在克里斯多娃提出這一理論之後，不少西方文學批評家對之進行了探討。其中大多數是法國批評家，如巴特、德希達和若奈特，並形成了有關互文性的廣義與狹義之分。狹義的界定以若奈特為代表，他認為互文性指一個文本與可論證存在於此文中的其他文本之間的關係。廣義的定義以克里斯多娃和巴特為代表，他們認為互文性指任何文本與賦予該文本意義的知識、代碼和表意實踐之總和的關係，而

這些知識、代碼和表意實踐形成了一個潛力無限的網路。互文性理論不僅注重文本形式之間的相互作用和影響,而且更注重文本內容的形成過程,注重研究那些「無法追溯來源的代碼,無處不在的文化傳統的影響。」①因此,克里斯多娃的互文性理論對後結構主義和解構主義文本理論影響甚大。

一、互文性的定義

一個文學文本相當於一個能指,一個詞,它是對某個所指、對象的表達。按照索緒爾早年奠定的語言學理論來看,這二者是「一頁紙的兩面」,不可截然分開。索緒爾的這一語言觀自本世紀以來產生很大的影響,同時也受到了挑戰。德希達等人認為,語言的能指和所指之間的關係是人為約定的,而且隨著語言交流的變化它也隨時可能有新的狀況。巴特從符號學的角度指出,字詞(能指)在表達對象(所指)時,不可能說出對象的所有方面,而蘊藏著一些對象之外的涵義,「任何一個詞都不會

由於自身而顯得富有意義，它剛好是一個事物的表達符號，它更是一種聯繫的途徑。它沒有潛入一種與它的構圖共存的內在現實，而是一說出就像其他字詞，形成一種表面的意向鏈。」②這樣，詞與詞之間的關係就有互文性，它們之間相互參照，相互衍射。

克里斯多娃正是從語詞之間的反射與交織看到了文學文本之間的反射與交織，認為「文字詞語之概念，不是一個固定的點，不具有一成不變的意義，而是文本空間的交彙，是若干文字的對話，即作家的、受述者的或人物的，現在或先前的文化語境中諸多文本的對話」。研究語詞的地位，意味著研究該詞與句中其他語詞的聯繫情況，並且從更大的序列連結層次上探討其相同的功能關係。話語序列結合含有三個成分，即寫作主體、接受者和外來文本。話語的地位可以從兩個方向去確定：橫向——文本中的話語同時屬於寫作主體和接受者；豎向——文本中的語詞與以前的或共時的文學材料相關⋯⋯於是，橫向軸線（主體—

一接受者)與豎向軸線(文本與語境)相交彙,
揭示如下一個重要事實:「語詞(文本)是衆
多語詞(文本)的交彙,人們至少可以從中讀
出另一個語詞(文本)來……任何文本都是引
語的拼湊,任何文本都是對另一文本的吸收和
改編。因此,文本間的概念應該取代『主觀間
性』(intersubjectivity)的概念。」③這段話
的基本內涵是:接受者以話語的形式包含在文
本的世界之中,而作者是有針對性地寫出自己
的文本;每一個語詞(文本)都是其他語詞(文
本)的鏡子,每一個文本都是對其他文本的吸
收與轉化,它們相互參照,彼此牽連,形成一
個潛力無限的開放網路,以此構成文本過去、
現在、將來的巨大開放體系和文學符號學的演
變過程。

克里斯多娃在〈受限的文本〉(The
Bounded Text)一文中,給文本與互文本下了
一個更明確的定義:「文本是使直接瞄準資訊
的交際話語與以前或同時的各種陳述文發生
關係,並重新分配語言順序的貫語言實體。因

此可以說，文本是一種生產力。」④這一定義
意味著：首先，文本與其所處語言的關係是一
種（破壞——建立型的）再分配關係，人們可
以更好地透過邏輯類型而非語言手段來解讀
文本；其次，文本是衆多文本的排列和置換，
具有一種互文性：在一部文本的空間裡，取自
其他文本的陳述文相互交彙與中和。在克里斯
多娃看來，每一個文本是在與其他文本相關時
才能確定自身位置的，每一個文本都是其他文
本的亞文本或互文本。所有文學作品都是從社
會、文化等因素構成的「大文本」中衍生的，
它們之間有共同母體（matrix），因而它們之
間可以相互參照。她在《詩歌語言的革命》中
還寫到：無論一個文本的寓意內容是什麼，它
作爲表意實踐的條件就是以其他話語的存在
爲前提……這就是說，每一個文本從一開始就
處於其他話語的管轄之下，那些話語把一個宇
宙加在了這個文本之上。⑤對此，巴特有一段
關於她的見解的闡釋：「任何文本都是互文
本；在一個文本之中，不同程度地並以多少能

辨認的形式存在著其他文本：例如，先前文化
的文本和周圍文化的文本，任何文本都是過去
引文（citations）的一個新織體。」⑥

　　克里斯多娃相信：藝術揭示的是一種特定
的時間，它被凝結於一種具有極其多種多樣表
現的生產方式中。它把陷入眾多複雜關係中的
主體織入語言（或其他「意指材料」）之中，
如「自然」和「文化」關係，不可窮源的意識
形態傳統、科學傳統與現時存在之間的關係，
以及在慾望和法則、身體、語言和「元語言」
（metalanguage）等之間的關係中。⑦對她而
言，「互文」意味著慾望、歷史、文本等語言
學或非語言學、文學文本或非文學文本的相互
指涉。它超出了狹窄的文本範圍，進入到更為
廣闊的文化視野之中。而且，互文性還意味著
一個（或幾個）符號系統與其他符號系統之間
的「互換」（transposition），但這個詞不能在
「起源研究」這一平庸的意義上加以理解。它
恰當地說明了從一個意指系統到另一個意指
系統這一過渡所需要的一種新的規定性連結

——闡釋的和指示的立場。⑧

由此可見，克里斯多娃的互文性理論隱含
著相當複雜的思想。其一，它是對結構主義文
本理論的一種超越。結構主義是把現代結構語
言學奠基者索緒爾的方法和觀點運用於文學
領域的一種嘗試，它力圖闡明生成詩歌、小說
等文藝作品的「詩學」，即關於文學規則的抽
象系統。這種理論呈現出如下三個特點：一、
把文本當作一個獨立自足的語言封閉體，一個
由一系列符號／能指組成的明確的結構；二、
只對文本作共時性的理解；三、試圖透過對單
一文本結構的關注而窺見統馭全人類作品的
規則。而互文性原則正是對具有以上特點的研
究方法的否定，它強調文本結構的非確定性，
強調任何文本都不可能脫離其他文本而存
在。文本之所以有意義是因為有其他文本的存
在，因為某事已被先書寫了，也就是說，一個
文本從一開始就在其他文本的控制之下，這種
控制絕不是我們通常理解的那種歷史起源式
的決定關係，而是一種後者在克服前者的決定

性中不斷用闡釋來完成自我的過程。因此,與
其說文本是空間裡的一個客體,不如說它是時
間裡的一次運動。在這種永恆的運動當中,難
以透過對某一個文本或文本系統的共時研究
來抽象出左右全人類作品的規則。

其二,互文性把文本放入歷史和社會之
中,這種歷史和社會同樣是文本性(texuality)
的,是作者和讀者透過把自我植入其中而加以
重寫的產物,文本在這裡產生了一種標誌作
用。從這個意義上說,互文性與其說是對文本
與它先前某一特定文本之間的關係的命名,不
如說是文本參與不斷變換的文化空間的一種
標示。語境透過互文性揭示了文本意義的建構
方式。而且,互文性也成爲後現代主義廣義文
化研究的一種武器。互文性原則正好是對不同
學科之間傳統界限的超越,它不僅強調文學文
本之間的相互作用,而且強調文學文本與其他
學科領域內的文本關係。

二、互文本的生成過程

「互文性」這一術語是由克里斯多娃率先提出的，但其基本內涵在俄國學者巴赫金的詩學中已初見端倪。作爲第一個把他介紹給法國讀者的批評家，克里斯多娃的互文性理論深受巴赫金思想的影響。巴赫金在《杜斯托也夫斯基詩學問題》一書中，提出了「複調」理論、對話理論和狂歡化等概念，認爲杜斯托也夫斯基的「多聲部」小說創作改變了傳統小說中作者和主角的意識、視野和聲音的一種共存關係和相互作用。這種類似複調（多聲部）音樂的小說結構使得衆多獨立聲音混響並行，造成了文本結構在更高層次上的多重複合統一。巴赫金在其對話理論中指出，杜斯托也夫斯基的小說使作者和主角之間呈現出一種開放性的對話關係，對話中各種意識、各種聲音的爭論與交鋒，構成不同對話形式，強化了複調結構。他還進一步表明「複調小說」表現了「文學的狂歡節化」（the carnivalization of

literature）。在起源上，狂歡節不是一種文學
形式，而是複雜的文化行為的一種綜合，是有
著其儀式和象徵系統的一種「信仰諸說混合論
的盛觀（syncretic pageant）」。⑨在狂歡節廣
場，無等級的插科打諢、粗鄙對話、莊諧結合
的語言等影射了權威的消失、等級世界觀的破
碎和文化中心與邊緣關係的逆轉。狂歡節這種
反權威、反邏輯、反和諧、去除中心與消蝕界
限的複雜紛亂的變調特徵，是建立在狂歡節對
文化認可的種種行為和話語的綜合性混合與
反諷基礎之上的。文學與非文學話語，方言，
職業語言，民俗語言等交彙在一起相互指涉，
以一種新的關係呈現出不同的意識形態和世
界。因此，「文學的狂歡節化」這一概念實際
上就是一種互文性理論，或者說它是可以在文
學話語與非文學話語之間進行分析的系統性
聯繫。巴赫金在此書中明確指出：「一個人要
為自己在這個世界上指明方向，這就意味著他
應把世界所容納的一切物體考慮為同時存
在，並從時間上的某一時刻去猜想它們之間的

德希達的理論，強調講話者與聽眾、自我與他人之間對話的重要性，修正了主體作爲在一切話語中結構的互文性功能的地位。她指出，正如意指作用（signification）是由「無限組合的意義」（significance）不確定地反映出來，主體則被投射入一個巨大的互文性空間，在那裡他或她變成碎片或粉末，進入他或她自己的文本與他人的文本之間無限交流的過程。互文性理論成爲克里斯多娃對主體和文本進行結構的重要工具。在這種理論的框架中，文本作者的重要性大大減小。作者的作用被減低爲文本的相互遊戲（interplay）提供場所或空間。創造性和生產力（productivity）從作者轉至文本的相互遊戲，作者個人的主體性及他對文本的權威消失了。

克里斯多娃把文本分爲現象文本和基因文本兩類。現象文本是文本的語法和語義的表層結構，文體學把這種表面結構視爲文本的最終意義，然而實際上它只是作爲心理和歷史活動較完滿「形成的」文本的殘餘。基因文本則

涉及到能指和講話主體使原先由他人的價值
觀念和願望構成的「語言組織」(tissue of
language)產生錯位並得到修正。它「規定了
表達主體構成所特有的邏輯運算」,是現象型
文本結構化的場所,是意義生產之場所。」⑪
在克里斯多娃看來,互文性就產生於現象文本
與基因文本之間交流的「零度時刻」(zero
moment),而處於互文性中心的則是主體的慾
望,文字(或書寫)正是一種把對能指的慾望
陳述轉化為歷史性客觀法則的自發運動。

文學作為一個能指和一種歷史之間的分
界線區域,似乎是某種特殊形式的實踐知識,
在這裡主體隱沒於該能指中,而歷史將其法則
強加於它。並且,文學和藝術的實踐,把主體
對能指的依賴轉變為對其相對於能指和現實
的自由的檢驗。在這一檢驗中,主體既達到了
其界限(能指的法則),又達到了其移位的(語
言學和歷史的)客觀可能性,為此它把「自我」
的各種張力納入歷史的矛盾中,而當主體把張
力併入這些矛盾中並使它們在彼此鬥爭中相

互協調時，逐步擺脫了這些張力。「併入作用
（inclusion）是『藝術』的一個基本特性，正
是透過這種併入作用，一個所謂的『自我』成
為外於自我之物，它被客觀化了，或準確地
說，它既非客觀又非主觀的，而是同時成為二
者，因此成為它們的『他者』。」⑫克里斯多
娃指出，巴特為這個「他者」取了一個名字：
「寫作」。

　　克里斯多娃認為巴特的寫作與寫作主體
的觀念以及摩爾斯·布朗肖對黑格爾、馬拉美
和卡夫卡的研究獲得了一種新的認識論身
分。他們放棄了對傅立葉、沙特、巴爾扎克等
絕對精神的撲朔迷離的思辨和對語言本質的
思索，而將神話、政治和新聞的話語，新小說
派風格以及《原樣派》團體的創新精神結合起
來，換言之，是以社會學（馬克思主義、沙特）、
結構主義（李維史陀）和文學先鋒派活動為基
礎，建構一種隱含三重命題的新的寫作觀念：
一、寫作的物質性堅持和各語言科學（語言
學、邏輯、符號學）接觸，但也堅持一種相對

於這些科學的區分作用；二、它隱藏入歷史中
一事導致對社會和歷史條件的思考；三、它的
性多元決定論使其朝向精神分析學，並透過後
者通向一系列身體、物理和實體的「秩序」。
⑬

　　寫作作為一種知識的對象是從語言域（意
義）裡辯證法的變換中出現的。它呈現對世界
的一種新認知，打破單一主體性，並以其內在
邏輯強烈批評和否定現存世界的意識形態和
社會規則。這種寫作，透過以新的方式把一種
其破化性影響被人們忽略了的批評傳統（拉伯
雷、喬伊斯）與本世紀先鋒派的形式經驗、與
對正在衰微的語言和社會秩序的反叛加以綜
合，瓦解了虛幻的社會神話學。克里斯多娃誠
如巴特所言，「在資產階級意識形態之外不存
在語言場。……唯一可能的反駁既不是對抗也
不是摧毀，而只是偷竊；把文化、科學、文學
中舊的文本加以分割，並按照偽裝的程式改變
其特性」；⑭寫作能夠「超過一個社會、一種
意識形態、一種哲學為它們自身建立的法則，

這些法則建立的目的是要在歷史可理解性的
洶濤中使上述幾個方面彼此一致。」⑮而且，
克里斯多娃認為這種寫作試圖介入文本的無
意識之中，所關心的不僅僅是語言，還包括生
理的驅力和分裂的主體。它被視為「一種衝動
的移位元、推進、釋放性能的辯證法在象徵秩
序中的紀錄，它作用著並構成能指，但也超過
能指；它將透過運用意指過程（移位、壓縮、
重複、逆反）的最基本法則使自己併入語言的
直線秩序中去；它將指派其他輔助網路並產生
一種超意義。」⑯因此，從寫作的角度來看，
互文能使創作者「寄生」於在他之前的所有文
本以及這些文本所包容的歷史、文化、哲學等
精神內涵和意義，並透過疊映、重複、倒置或
對照這些文本外內容來豐富自己的文本，使其
成為集眾多文本內涵、語境、語意為一體的意
義的「輻射源」。

三、小說文本中的互文性內容

　　作爲文本的小說是一種符號學實踐，從中可以解讀出多種話語的綜合範式。透過對它們的研究，能夠建立一種陳述文的類型學（topology），進而考察它們在小說文本之外的起源。於是，小說表意體（ideologeme）成爲界定外來小說文本與小說文本內在價值的互文性作用。它是認知理性把握陳述文向文本的轉換以及把文本置入歷史、社會文本整體性中的焦點所在。這種有關外來文本與內在文本的分析方法，使小說中的符號表意體得以分離。首先，作爲二分法（好與壞、天使與魔鬼等）的象徵表意體僅適應於封閉型結構，它難以捕捉文本結構之外的社會或歷史的錯綜複雜的關係。而符號表意體具有不可分離原則和雙重性等特點，故小說文本結構是非封閉、開放性的，其不同序列「是其他文本序列的轉化形式」。如 15 世紀的小說可以轉化爲若干規約：經院哲學、豔情詩、口頭文學、滑稽文學。

克里斯多娃以法國第一位小說家安托萬‧德‧拉薩勒的小說《讓‧德‧聖特雷》的手稿爲例，檢視作爲互文性作用的表意體的多種內容，指出這部書蘊涵了中世紀經院哲學的成分（章回結構、訓導性質）、豔情詩的成分（貴夫人）、城市生活的成分（商販的叫賣聲、當時的經濟文本）、滑稽文學的成分（文字遊戲、張冠李戴、角色遊戲、面具等）。

　　拉薩勒於 1456 年完成這部小說，這是他創作生涯中的唯一一部小說，而其他作品是作爲「科學性」論述或遊記敘述的形式編輯成書的，它們構成歷史性話語或文本的馬賽克拼湊。克里斯多娃認爲法國文學史家對這部獨特作品長期忽略不論。有關這一部作品的研究往往集中在對時代習俗的參照之上，試圖找出理解人物的「關鍵」，並把人物與拉薩勒所認識的人等同起來，指責作者低估了當時「百年戰爭」等重大歷史事件。顯然，這種看法不能揭示處於兩個時代的文本的轉換結構。更重要的是，拉薩勒的敘述證實了他的寫作的敘述：拉

薩勒透過言說和寫作來闡述他自身。

拉薩勒的時代是詩史向小說過渡的時代，也是聖書結束的時代，書面文字最終與話語結合起來。小說是古希臘至中世紀人們關於書的觀念變遷的產物和見證。

拉薩勒用多種顏色的墨水對自己的手稿進行了認真細緻的更動。這些更動說明他真正把自己的作品當作一種書面形式，當作由書寫符號和語音構成的網路，書寫符號與語音的物質內涵同樣重要。這種對書面文字或文本的觀念是當時中世紀特別重視書面文字的一個視窗，也是後世紀西方文化對書籍具有深厚宗教感情的早期標誌。

但是在遠古時期，書寫遠不及言說重要。蘇格拉底、柏拉圖都對書寫和文字持輕蔑態度，認為真正的智慧存在於背誦和朗讀之中。到古希臘文化時期，由於崇尚華詞藻麗的演說家和詭辯家，開始統治古希臘的知識生活，寫作才受到重視。於是，詩與科學（哲學、自然科學、天文學）交彙，出現了藏書的博學型詩

人。他們既是藝術家，又是文獻學家，他們崇尚自己的筆、風格、文字和書法。與遠古時期貶低寫作的現象截然相反，古希臘文化過於高估書面文字的價值，把它精神化、超驗化，視為思想的符號，以致書面文字成了法則的標誌。

基督教使崇尚書籍的風氣達到了至高無上的地位。上帝、話語和文字融為一體，成為永恒與神聖的象徵。對書面形式的關注是嚴格的：紫色、紅色、黑色等不同顏色的墨水表現文本的不同層次。拉薩勒的做法在當時的抄寫者之間司空見慣。抄寫者們用這種方式表示文本的起點和結尾以及他們的工作目的。

大約 9 世紀，畫書開始興盛起來。隨後的幾個世紀，又發生了新的變化。書籍知識化，成為僧侶階層和大學老師的工作對象和產品，寫作成為一種獨立的職業。與此同時，世俗書籍開始面世，豔情小說、特洛伊木馬故事、寓言故事、行吟詩等都以書的面目出現。

正是在這種情況下，書演變為小說。也就

是說，小說從中世紀繼承了書的外觀、形式以
及具有雙重意義文字中的神聖色彩；其次，它
把知識型、博學型的書籍風格與世俗書籍或口
語的結構相結合。三是小說借鑑了畫書的結
構，畫書既保持了文字書籍的直線性和連續
性，又引入了間斷形式。一方面，從一幅畫的
過渡打破了敍事言語的連續性和謀篇，拉薩勒
寫出了許多相互獨立的主謂句或系詞句，這種
結構深受畫書中畫面並列現象的啓發；另一方
面，圖畫把曲線和三度幾何的概念引入書中，
這種概念也走進了《讓・德・聖特雷》的小說
空間。而且，因爲拉薩勒的博學，小說中的貴
婦旁徵博引，有名有姓的引語來自數十位賢哲
聖人的著作，還有不少匿名借鑑和抄襲。當時
最著名的文本在這部小說裡碰撞、對話或失去
鋒芒。一位元次要人物的全部活動抄自一部畫
書，說明其他文本進入《讓・德・聖特雷》這
部小說的現象普遍而又嚴重。書畫文字和傳記
文字進入了包容而不排斥的小說文本；史詩文
字受到某種中和，而史記類文字與其他言語形

成鮮明對比。拉丁語以及作者讀過的其他文字也以直接引語或記憶性引語的形式進入文本。因此，把世俗文學與博學型書籍結合起來，把拉丁語、外來語以及口語引入小說空間，並借鑑當時的藝術作品風格，成爲了克里斯多娃小說文本中「互文性」概念所包含的首要內容。

中世紀文學有兩大特點，一是大量引用書面文字。書不再是貴族或學者們的特權，而走向貧民化。二是非常重視語音，把市井之音、街頭的歡聲笑語引進文化文本。上述特點引起了文本機制中的兩大變化。首先，拉薩勒文本中的時態不再是單純的言語時態，敍述序列的組合受寫作行爲的支配，表示陳述行爲的現在時態的大量湧入中斷並改變了故事言語的直線型時態的一統天下。寫作的時間進入文本，諸如「回到我的觀點」，「簡單地說」，「如我對你講的」等，打亂了線性時間的過程。「時間」的連續遵從空白紙上的手的書寫活動；第二，聲情並茂的生活場景躍然紙上，與大量外來文

本（引語）相結合，共同構成了小說文本，寫作行爲本身則退居次要地位。總之，小說是由語音和文字構成的雙重空間，其中言語範疇（語音）占主導地位。對市井生活生動的引述，以及各種形式的引語，成爲克里斯多娃的「互文性」的第二個內容。⑱

　　除文字形式外，小說反映著一種口頭交際活動。14、15 世紀的法國，商業生活十分興旺，叫賣聲不絕於耳，人們把它叫作"blason"。15 世紀，這一詞演變爲「頌詩」與「諷刺詩」兩種語義，具有相容並蓄的功能。叫賣聲來源於公共廣場、集市和市場，它是商業發達的標誌。城市的聲音在摧毀象徵體系、催生小說體裁的過程中發揮了自己的作用，城市的口語對中世紀的小說話語也產生了極大的影響。　拉伯雷熱衷於傾聽集會、市場和狂歡節的喧鬧聲，並把它們寫進小說文本。雖然拉薩勒的小說裡還沒有拉伯雷式的市井笑聲和狂歡節的粗俗言語，「說」和「話語」尚未具備響亮聲音的語言形象，僅僅表示陳述行爲

和資訊；笑聲也未成為真正的敘述言語，而表示不同言語層次的過渡和調節。但是，城市的聲音還是以民眾叫賣聲的形式走進《讓‧德‧聖特雷》的小說文本。關於聖特雷購物、接受禮品以及武士服飾的描寫都直接再現了商販的叫賣聲。這些言語不斷地重複，意指某一空間（商人的店鋪、貴婦的房間），時間（軍隊的出發、聖特勒的歸來），陳述行為的主體以及三者集於一身。因此，市井文化或叫賣聲文化走進小說文本，是克里斯多娃「互文性」概念的第三個內容。

在史詩向小說、象徵向符號的轉化過程中，狂歡節話語產生了重要作用。狂歡節話語是對正統的、官方話語的一種挑戰，它表現出一種反象徵性、雙重性和不分離功能（nondisjunctive）的特點。中世紀的戲劇舞台具有狂歡節廣場的特性，打破了史詩從講述者、講述內容到受述者的直線敘述模式，建立了一種既傳達意義資訊、又作為表意實踐、兼具場景和生命活力的雙重多義的言語空間。這

種反傳統空間適應，反傳統意義的表演和表
達，拉薩勒的小說文本受到了這一影響。當文
本陳述相關材料（地點、資訊、接受者）和主
題（生與死）之後，「演員」便粉墨登場，並
多次出現，以小說人物的身分傳達作者的話
語。「作家既是演員又是作者，小說文本既是
實踐活動（演員）又是產品（作者），既是進
程（演員）又是結果（作者），既是遊戲（演
員）又是價值（作者）。」⑲同時，作者的二
重性還表現在把陳述文中的兩種形式敍述和
引述彙集於身兼小說主體（作者）和情節的主
體兼對象（演員）的人物話語之中，因為在小
說不分離原則下，資訊既是言語，又是一種表
現形式。作者——演員的言語朝向兩個方向：
首先，指涉言語、敍述，即作為作者——演員
所操的言語；其次，指向文本前提、引語——
他人的話語。這兩個方面交織、融合一起。如
拉薩勒輕易地從漂亮姊妹中的貴婦人的故事
轉換到他所讀的古希臘特洛伊戰爭的伊利爾
斯（Aeneas）和女王黛朵（Dido）的故事中去。

在拉薩勒的小說文本中，陳述行爲採用了
敍述和引述二元折衷的推論（inferential）方
式，而不是亞里斯多德式的三段論
（syllogistic）方式。在這一推論過程中，小
說話語的主體肯定推論的結果是基於其他結
論之上的。作者／演員的陳述行爲的作用在於
把他的話語與閱讀，他的言語行爲與其他人的
言語行爲結合起來。作爲推論媒介的語句值得
引起注意，如「最初我認爲她想模仿古代的寡
婦……」，「假如，像維吉爾所說……」，「關於
那個問題，聖徒傑羅姆說道……」等等。⑳這
些虛詞語句充當著連結與轉換的作用，既把小
說文本中的敍述與引語連結起來，又把口語置
入書本之中，並改變其表意體。透過這種推論
行爲，作者拒絕做客觀的見證人，而以讀者或
聽衆的身分，建構自己的文本。他的解讀行爲
多於話語行爲。推論媒介使他能夠把敍述變爲
引語，把引語又轉化爲敍述。正如狂歡節廣場
發揮連結言語的雙重主體——演員／群衆的
橋梁作用，小說的陳述方式是潛在的熔爐，聲

音（敍述）和文字（引語）在其中交彙。小說
正是從上述作者——演員、作者——受述者、
受述著——演員等狂歡節的相容形象中，從表
意體和題材兩方面，吸收了雙重功能的特點。

　　作者與演員不斷地相互轉化，面具成了保
證轉換機制連結雙方的特殊媒介。面具是交替
的標誌，是對同一性的拒絕，它破化了個人的
身分，解放了言語。克里斯多娃認爲，小說模
仿了面具。在拉薩勒的小說裡，貴婦戴上了「無
動於衷」的面具，因此才有隨後的小說情節。
而且，小說採納了面具空間的雙重形象、對話
式組合和施動者轉換等手法。在這一轉化空間
中，小說文本的語言修辭也發生變化，無人
稱、無時間性的文字可能成爲大衆世界的新神
話。沿著這一方向發展的文本是對符號和小說
的破壞。克里斯多娃認爲，這種文本似乎正在
形成，透過破壞語言（喬伊斯、貝克特），把
文本作爲一種嘗試（新小說）或者消失在夢境
之中（超現實主義的努力）等摸索與嘗試。中
世紀末的小說文本已表現出使抑制狂歡節話

語的言語陷入困境。

狂歡節話語具有「喜劇式幻想曲」和「雜拼法」這兩種言語現象，它們不受任何目的性、意義和語法的制約，雜亂地拼湊在一起。莫名其妙的艱澀語言、無句法可言的簡單羅列、語音重複以及無任何因果關係的言語是突出的表意修辭手段。其中某些「修辭」手段在拉薩勒的小說文本已初見端倪，如商品、服飾特徵、部隊的布陣、禮品和專有名詞等的多次羅列。拉薩勒將軍隊的出發、商販的店鋪、服裝或珠寶置於讀者之前，然後對這些不按因果律拼湊在一起的物體加以描述和讚美。這種無限制的羅列和重複的目的不在於接近現實，而標誌著語義的模糊化。這種結構觀念存在於狂歡節、鬧劇、小故事、奇蹟劇等形式之中。拉薩勒小說中的敍述性複句因為重複而背離了原有的語義，僅僅成為小說文本轉換場中空洞的表意手段和修辭手段。

小說還借鑑了狂歡節貶低已有文本的傾向。拉薩勒的小說改變了豔情詩和武功歌的絕

對化傾向。在拉薩勒的小說文本中，不分離原則引入了虛假形象、曖昧性和雙重性。對立品質、異質性、否定性通常在同一人物身上顯現，如被嘲笑的君主、戰敗的勇士、不忠實的妻子等等。符號的表意體允許符號指涉存在的複雜性。豔情詩中對貴婦的頌揚，在拉薩勒的文本中卻發生了明顯的變化。貴婦因背叛了青年騎士的愛情，而不再受到崇拜和讚美。在《讓·德·聖特雷》一書中，可以看到中世紀西方言語中女性結構功能的全部演變過程，小說描述了女性從神化到失落的過渡，女性角色在語義方面的曖昧價值正寓於此。對豔情詩中愛情故事的借鑑以及揶揄性的滑稽模仿，成為拉薩勒小說的一個特徵。

　　狂歡化節文化中的不分離功能、複調結構、對話原則以及拼雜言語等現象在拉薩勒的小說文本中已見端倪，但在喬伊斯、卡夫卡、普魯斯特、索萊爾斯等現代派作家的小說文本中展現得淋漓盡致，它們構成了克里斯多娃「互文性」概念的第四個內容。

作為一位元後結構主義批評家，克里斯
多娃對傳統的文學作品觀和結構主義文本理
論進行了批評，並率先提出和探討了「互文性」
概念。在她看來，文學不再是一個需要用主體
理性來窮盡的意義本體，而是一個意義產生，
且充滿各種聯繫的動態過程。作為一種新型的
文學理論，互文性理論動搖了作者個人的主體
性和他對文本的權威性，打破了傳統的自主、
自足的文本觀念，從而使創造性和生產力從作
者轉移至文本間的相互關係。它與傳統文學研
究的差異可以歸納為以下幾個方面：一、傳統
的文學研究以作品和作者為研究中心，注重文
本／前文本作者的作用；互文性研究則注重讀
者與批評家的作用，認為他們參與作品的寫
作，從而打破了作者一統天下的局面；二、傳
統文學研究相信文本有終極意義，而批評力圖
指出文本的確定意義；互文性研究則否認文本
存在固定的意義，強調文本意義的不可知性或
流動性，且更重視意義的生成過程；三、傳統
文學研究側重歷時性的展開，原文本或前文本

是意義的來源，互文性理論則重視文本的共時性特點以及文本之間的相互指涉；四、更爲重要的是，互文性理論突破了傳統文學研究的封閉模式，把文學納入到與非文學話語、代碼或文學符號相關聯的整合研究中，大大拓展了文學研究的範圍，形成一種開放性的研究視野。

克里斯多娃的互文性理論雖是對傳統文學研究的反撥和對結構主義理論的超越，但它跟結構主義的關係仍是一種繼承和發展的關係。和結構主義理論一樣，互文性理論認爲文本在語言之外沒有起點，也沒有終點。結構主義強調能指而忽略所指的思想，在克里斯多娃的互文性原則中也同樣有所表現。互文性雖然強調任何語詞乃至任何單獨文本的意義超出自身所示，但其意義更多指向其他文本及其語詞，而很少指向文本之外的社會現實。儘管克里斯多娃把文本看作一種生產力，一種意義生產過程，但她並沒有將文本視爲一種實踐的產物。她的理論僅僅停留在馬克思所說的「解釋世界」的階段，因此帶有較多的文字遊戲的色

彩。然而，不管怎樣，克里斯多娃的互文性理
論對當代西方文本研究和解構主義理論具有
很大的影響，無疑也爲文藝創作和文藝批評提
供了新的視角，開拓了新的思路。

注釋：

① Jonathan Culler, *The Pursuit of Signs: Semiotics, Literature, Deconstruction* (Cornell: Cornell University Press) , 1991, P. 103-104.

②巴特著,《符號學原理》中譯本附錄:「寫作零度」,遼寧人民出版社,1987 年。

③ Julia Kristeva, "Word, Dialogue and Novel", *The Kristeva Reader*, edited by Toril Moi (Oxford :Blackwell Publishers Ltd, 1986) , P. 36.

④ Julia Kristeva, "The Bounded Text", *Desire In Language: A Semiotic Approach to Literature and Art*, edited by Leon S. Roudiez (New York : Columbia University Press, 1980) , P. 36.

⑤轉引自豐林,〈語言革命與當代西方本文理論〉,《天津社會科學》1998 年 4 期,第 130

頁。

⑥轉引自 張榮翼著,〈文學史,本文及其他
因素的參照作用〉,《求是學刊》1997 年 4
期,第 63 頁。

⑦ Julia Kristeva, "How Does One Speak To
Literature", *Desire In Language: A Semiotic
Approach to Literature and Art*, edited by
Leon S. Roudiez（New York: Columbia
University Press, 1980）, P. 97.

⑧同⑤第 130 頁。

⑨轉引自 程錫麟,〈互文性理論〉, 《外國
文學》1996 年 1 期,第 73 頁。

⑩同⑨,第 73 頁。

⑪巴特著,〈文本理論〉,《上海文論》1987 年
5 期。

⑫同⑦,第 97 頁。

⑬同⑦,第 100 頁

⑭同⑦,第 113 頁。

⑮同⑦,第 108 頁。

⑯同⑦,第 102 頁。

⑰同④，第 37-38 頁。

⑱史忠義著，《20 世紀法國小說詩學》，社會
　科學文獻出版社，2000 年第 147-149 頁。

⑲同④，第 44-45 頁。

⑳同④，第 45 頁。

作爲「女性主義批評的同路人」，克里斯多娃以其廣泛的研究興趣、獨特的批評個性，在當今西方學術界占有一席之地。她的女性主義理論複雜多變，結構主義、符號學、馬克思主義、解構主義、精神分析都是她所借鑑的對象，也都爲她所「竊取」。正如巴特所言：「她經常破壞最新的概念，那些我們以爲可以安心，我們可以感到驕傲的概念……她顛覆權威，單一邏輯之權威。」①克里斯多娃作爲「原樣派」團體的一名幹將，曾對中國文化和政治有著強烈的興趣。1974 年 5 月，應中國政府的邀請，她和菲利浦·索萊爾斯、巴特等四位法國理論家在中國進行了三個星期的訪問。回國後，她滿懷激情地談論中國，出版了《中國婦女》一書，提出了要歷史地、文化地看待中國婦女，闡明了「中國共產主義的歷史同婦女解放的歷史是一致的」觀點。②這本書雖被一些西方女性主義者認爲過於「浪漫」、「烏托邦」，或者被批評爲把「東方描述爲『他者』」，③但它確立了克里斯多娃在西方女性主義批

評領域中的地位，使她成為繼西蒙·波娃
（Simone de Beauvoir）、海倫娜·西蘇（Helene
Cixous）、露西·依莉格瑞（Luce Irigaray）之
後的法國獨具特色的女性主義理論家，也成了
第三世界女性主義批評關注的重要人物。她的
女性批評話語既不同於伊萊恩·肖瓦爾特
（Elain Showalter）、凱特·米勒特（Kate
Millet）等英美派的女性主義批評，也不同於
波娃、西蘇、依莉格瑞等法國女性主義者的理
論。她主要從語言向度探索女性的邊緣性與顛
覆性、記號語言與女性特質的關係，並以建構
一種「記號」話語來達到顛覆父權制象徵秩序
的目的。

一、批評的個性化

　　60 年代克里斯多娃作為一個語言學家開
始了她的學術生涯。1974 年她從語言學走向
女性主義研究，與此同時開始了作為一個精神
分析學家的訓練，並接受佛洛伊德和拉岡的影
響。70 年代末期以來，她的著作主要集中於

女性、慾望、愛情以及邊緣、顛覆等問題，出版了《愛情的故事》、《暴力的恐怖》、《黑色的太陽》等論著，產生了一定的影響。在政治上，她早期信仰馬克思主義，後來卻發展成爲一種針對政治活動的新懷疑主義，認爲政治學是一種應該摧毀的新正統理論。基於這一立場，她既拒絕自由女性主義的政治策略，又反對激進女性主義的美學主張；既否認女性主義的普世皆準性，又指責性別先於存在的本質主義論調，而倡導一種建立於個人獨特性之上的多元女性主義理論。

在《婦女的時間》（ *Le Temps des Femmes*,1979）中，克里斯多娃不僅探討了女性主義三個發展階段的不同特徵，而且表明了她的女性主義主張。在第一階段，婦女要求在父權制社會中獲得和男人平等的權力，換句話說，要求在線狀時間占有自己合法的位置，她們是真正意義上的女性主義者。但第一代女性主義者將不同背景、年齡、文明或者不同心理結構的婦女問題在「普遍婦女」的標記下國際

化了；第二階段是 1968 年「五月風暴」以後
出現的新一代女性主義者，她們不再滿足於在
歷史的線狀時間中占有自己應占的位置，而且
拒絕被給予的歷史處境，質疑整個資本主義的
政治文化層面。她們一反初期「注重平等」的
策略，而強調性別的差異和女性的獨特性，頌
揚女性本質，並以差異爲名否認男性秩序。這
一時期的女性主義被稱爲激進女性主義。克里
斯多娃提醒人們警惕這種「反意識形態」的作
法有可能陷入逆向的性別歧視形式或創造出
一個重新使用邏各斯中心話語壓迫權力機制
的女性主義；第三階段是 80 年代出現的女性
主義者，她們拒絕那種形而上學的男女二分
法，提倡三個階段的女性主義方法相互融合或
共存於同一歷史時間之內。第三代女性主義者
是克里斯多娃所認同的，她們不再強調男女的
對立或一元論，而是要求性別差異的政治必須
由多元化的差異來取代。而且，她們注重女
權、女性、女人的統一，使女人不再成爲與男
性對立的「準男性」，而是女人成爲女人，男

人成爲男人，消弭衝突、對抗、暴力等男性統
治話語，並推進愛、溫情、友誼的新的文化政
治話語使世界成爲具有新生意義的後現代世
界。

　　克里斯多娃對第一代和第二代女性主義
者所持的批判態度，是與她的個人主義思想密
切相關的。她認爲任何政治團體都把集體的統
一置於個人差異之上，以致公開聲稱：「我對
集體不感興趣，我的興趣在個人。」④在他看
來，女權運動如同其他所有的運動，其缺點是
自以爲完全瞭解人類，而對之進行劃分，首先
是不同的經濟階級，然後是不同的性別階級。
在她與羅瑟琳·考娃特的訪談中，克里斯多娃
說：「我參加過多種女權主義運動……我們並
沒有避免各種政治群體所有的教條主義、暴力
和對個人獨特性的損害……我認爲婦女應該
誠實地認識到女權主義組織中可能存在著這
些問題。因此，我說，受壓迫的人們的政治鬥
爭當然將繼續進行，而且必須繼續進行，但是
若以每個人的個性和獨特性爲主要關注點，這

些鬥爭也許會進行得更好……女性主義者已經過了認爲一切皆好而歡呼喝彩的時期,應該有足夠的力量來反思、批評自己……如果不害怕它將崩潰……我記得在前些日子闡述一篇有關女性主義的文章時,……我把單數『女性』(une femme)一詞改爲複數詞『女性們』(unes femmes),是爲了加強群體意識與多元統一。」⑤顯然,克里斯多娃反對把女性主義作爲一種政治改良運動來看待,並不是說她不關心女性主義的政治核心問題,即反對和推翻任何形式的男權統治和性歧視。一方面,她主張推翻和顛覆一切獨裁權力結構,當然包括父權制和男權社會;另一方面,她反對把一切人類關係都政治化,因此又與改良主義的宗旨相去甚遠。在她的另一篇有關女性主義的訪談中,克里斯多娃更明確地表明瞭這一立場:「在法國,一些女性主義者通常將女權主義運動視爲一種社會抗議運動,使婦女成爲一種社會力量或動力,最終承擔無產階級馬克思主義理論所發揮的作用。這裡存在一種受壓迫的階級或

社會群體，他們沒有獲得很好的報酬，沒有獲取生產、政治領域的適當位置，因此這個被壓迫的階級、這個被壓迫的社會階層，必須爲贏得經濟、政治和意識形態上的認同而鬥爭。另一方面，我不完全贊同這點。我認爲極大數法國女性主義者已意識到這種主張，即把婦女的抗議置於一個完全不同的層面，本身存在著問題。首先，它不是一種完全的社會抗議，它還要求對主體獨特性給予重視，不僅是社會秩序內的個人獨特性，而且是區分個人之間關係的獨特性，即個人的性別差異。」⑥由此可見，托裡·莫娃等人稱她爲「個人主義者」或「無政府主義者」的看法是較爲膚淺的，因爲克里斯多娃既看到了女性群體受壓抑的共性，又沒有忽視個體女性的獨特性，她把性別、種族、階級與個人聯繫起來，拓寬了女性主義研究的視域，也避免了那種忽視個體婦女特徵的「泛化」批評的侷限性。並且，她從差異觀點出發，希望女性主義能夠擺脫對女人，她的權力（her power）及她的寫作（her writing）的信仰，將

差異要求傳給女性團體的每一成員,從而構建
個體的諸多話語(包括性欲和性別)。「一個女
人與其母親間存有難言的關係,而她本人又與
衆不同,與男人和女人不同;正是在這時,在
分析這些難言的關係上,她才會遇上『女性』
之『謎』的曖昧問題。我贊成這樣來理解女性,
即有多少女人就有多少女性」。⑦這樣,個人
主體的獨特性就以有關女性的一般理論被推
到了研究領域的前台。

　與英美女性主義者不同,克里斯多娃主
要是從文本、語言、潛意識中去探討女性受壓
迫的問題。她的重點不在生理意義上的「婦
女」,而在文化語境中的「女性」,但與波娃等
人不同的是她視女性爲一種不可界定的「東
西」,一種存在和話語方式。同時,她反對完
全的性別差異論,認爲這種極端的「反意識形
態」的作法無異於確定了一個女性中心主義,
重設了中心／邊緣的二元對立模式,因而陷入
了本質論的構架之中。另外,她對西蘇、依莉
格瑞等女性主義者所倡導的「女性話語」、「女

性書寫」也有微詞，因爲這種語言（至少句法）
的存在很成問題，它的顯而易見的詞法獨特性
比之性別／象徵差異，也許更是社會約定俗成
之物。這種反理性的女性書寫恰恰順從了父權
制給女性規定的非理性地位。因此，克里斯多
娃認爲女性主義者應該建構一種既擁有同時
又顛覆「父親律法」的話語：「如果女性的確
存在，那就只能存在於意義或指意過程之中，
只有與意義和指意過程相關時，只有被當作意
義或指意過程的多餘的或叛逆的因素時，女性
才爲兩種性別而存在、言說、思考（自身）和
寫作（自身）」。⑧克里斯多娃就是這樣從文
化、語言、文本中建構女性的意義，探討象徵
秩序中女性的邊緣性，並以「記號」語言顛覆
父權制象徵秩序。

二、象徵秩序中女性的邊緣性

在父權制象徵秩序中，女性是以「第二性」
或「他者」的身分被置於邊緣的地位。克里斯
多娃關注女性的性別身分，試圖從文化、文

學、語言及心理等層面探討女性受壓迫的根
源，書寫婦女被壓抑的情境。在《中國婦女》
中，她分析了猶太一神教取代早期母性生殖宗
教之後，將女性置於「他者」地位的否定性結
果，認爲基督教創世神話表明：女人只不過是
功能性的、從屬於男性的客體；她只擁有軀
體、性、生殖的物質特性。「上帝創造了世界，
從黑暗中分出了光明，從海洋分出陸地，從自
身分出不同的動物和人類，結束了混沌的連接
狀態，同樣透過分離，他把人類也分離開來，
男人和女人……女人又從男人那裡分衍出
來，是由男人身上所缺少的那件東西所造成
的。她將是妻子、女兒、妹妹，或三者同時集
於一身，但她沒有名字。她的作用是保障生殖
——種族的繁衍，與社會的法律以及政治、宗
教團體沒有直接關係。上帝通常只對男人說
話。」⑨由於失去了言說的權力，婦女就被拒
斥於公眾社會的門外，僅成爲種族繁衍的工
具。

　　克里斯多娃在探討女性受壓迫的情境

時，十分關注母性（motherhood）的問題，對母親身分在西方文化中的表徵符號作了相當有趣的分析，尤其是聖母的形象及西方畫像藝術。

在《愛情的故事》這部著作中，克里斯多娃著重分析了聖母形象在基督教文化中的變化過程，並指出這一形象在父權制文本中所隱含的代碼意義，認爲在早期的基督教信仰中，聖母－瑪麗亞作爲上帝的母親、被賦予至高無上的母性力量，被給予王族的標誌和裝飾，她作爲權力保護人的功能不僅表現於教會之中，而且在文學與藝術中廣爲傳播。12 世紀法國抒情詩人和行吟詩人的讚美詩中，聖母成爲吟誦的主要對象，是愛情中的理想化身。這種「奇迹般」的創作，「第一次以完美的風格、至善的典型，如同理想的化身一樣影響了世界。」⑩對聖母的理想化讚美致使宮廷詩一時興盛，於是聖母－瑪麗亞進而化身成種種優雅高潔的貴婦人形象，成爲男性詩人吟詠的對象。但是，這種讚美詩不過是一種男性自我理

想的表現，一種神喻的藝術，「這種藝術對於封建主義的倫理學無疑是由聖母提供的虛假的補充物。」⑪事實上，這個無與倫比的聖母只是一個獨一無二的女人幻影，她將真正的婦女放逐到了邊緣地帶。而且她和眾多貴婦一樣，不過是「一種想像的裝飾物」、「男人慾望的焦點」；她所具有的權威不過是「家庭和社會中有效權力的代用品，是屬於陽具力量陰影中的副本。」⑫在父權制社會中，一個女人若要企及聖母般的女性理想，那麼她不是修女，就是殉道者。這是她得到的「獎賞」，是她命中注定的「享受」。

隨著基督教信仰的逐漸失落和宮廷詩的消隱，聖母也失去了過去炫目的光彩，甚至成爲被「取樂和諷刺的對象」。至 13 世紀的弗蘭西斯時代，瑪麗亞卻以一個「貧窮、低賤、謙恭同時又富有犧牲的母親形象」被固定化了。波娃曾在倫敦著名的弗蘭西斯克誕生圖中一眼就看到了一個失敗的女性：母親低頭跪在新生的兒子面前，同時伴隨著既是丈夫又是她父

親那個人的無比高傲的眼光。這種母子形象完
全取代了那種使聖母與耶穌合爲一體的崇高
神靈，作爲一種最普遍的幻想的終結，這種母
性的謙恭也許比原來的形象更接近於真實的
女性。⑬

　　在 13 世紀以後的長篇敍事詩和小說創作
中，理想化的女性形象日漸減少，即使有，也
是被置於與「惡婦」相對立的二元模式之中。
法國第一個科學與哲學詩人吉恩・德・蒙（Jean
de Meng），以自然神論向宮廷和聖愛公開挑
戰。在他的長篇敍事詩《玫瑰色的夢》中，聖
母失去了她的靈光，與世上的其他事物一樣，
成爲一個可以獲取的目標，她所代表的女性也
變成了諷刺的對象。同樣，在法國第一個小說
家安托萬・德・拉薩勒（Antoine de La Sale）
的小說《讓・德・聖特雷》中，貴婦因不貞與
虛偽，不配青年騎士的崇拜，也不再成爲騎士
生活中的保護者和奪取戰鬥勝利的吉星。拉薩
勒的小說表現了女性由善至惡的完整的轉化
過程。克里斯多娃認爲 16 世紀的文學語言完

全取消了女性的存在,拉伯雷與騙子無賴的小
說似乎不關心女性,大眾文學也極力貶低女
性,視女性爲惡和巫的象徵。

　　克里斯多娃在分析 19 世紀法國象徵主義
詩人波特萊爾(Beaudelaire)的作品時發現,
雖然他的詩歌有一種顛覆象徵秩序的潛在力
量,但同時隱含著一種女性否定論。女性往往
呈現出天使／魔鬼的雙重畫像。一方面她是可
以感召上帝的高尙的母親,如「母親是女人的
驕傲,是美好的回憶」(《陽台》);她「像黎
明那樣明亮,像夜色那樣幽靜」(《全盛之
地》);她就像那些「明亮的星,它們的光線能
與太陽媲美」(《生命之光》)。另一方面她不
過是自然存在的低劣的肉體,腐敗的僵屍,「令
人作嘔的屍體躺在破亂的床上」(《僵屍》);
「墮落的人吸引著我,你們這些吸血鬼」(《吸
血鬼》)。不同於聖母——瑪麗亞,詩人的母親
「是從所有的女人中選出來的普通一員,她是
被損害丈夫的羞辱」(《祝福》)。波特萊爾甚
至把女人看成殘惡、野蠻、貪婪的野獸:「你

的手無聊地撫弄我被迷住的心胸，我的心所要
尋求的愛已被劫掠去，被女人的利爪和兇殘的
牙齒劫掠去。我再也找不到我的心，野獸們已
經將它吞噬」（《對話》）。波特萊爾甚至把法
國女小說家喬治‧桑（George Sand）看成惡
魔的化身，他「一想起那個醜惡的人就帶著恐
懼的顫抖」（《敞開的心》）。⑭

　　婦女在父權制文本中所扮演的這種雙重
角色，無疑反映了男人對女人的矛盾態度。她
既是男人的天使，又是男人的惡魔；既給男人
帶來歡樂與滿足，又使男人產生厭惡及恐懼。
天使／惡魔的二重性否定婦女的人性，直接服
務於男性的「性權術」。因此，克里斯多娃指
出，在基督教文化裡上帝、話語與書寫構成了
一種新的「三位一體」（the trinity），而婦女只
是被書寫的符號或象徵。她們既被視爲「莉莉
芙 lilith 或巴比倫之妓女」，又被昇華爲聖女
或聖母，但都遠離女性的真實存在。在父權制
象徵秩序裡，婦女不僅被摒棄於知識與權力的
門外，而且被拒斥於言詞，「這唯一真實的法

則之外。」⑮

三、記號語言與女性特質

　　克里斯多娃的女性主義詩學的主要獨特
之處表現在記號理論。她認爲現代語言學的思
想和哲學基礎是獨裁和殘暴的化身，走出困境
的方法在於脫離索緒爾的語言觀，重新把說話
主體建立爲語言學的一個目標。這樣語言學就
會不再迷戀作爲單一的同質結構的語言，而會
將興趣轉移到語言的異質過程上去。

　　在《詩歌語言的革命》中，她以「記號」
（the semiotic）和「象徵」（the symbolic）的
區別替代了拉岡的「想像」（the imaginary）
與「象徵秩序」（the symbolic order）的區別。
根據拉岡的理論，「慾望」（desire）是與語言
相連的，而語言是一種力量，它可以改變它的
使用者，重新創造和組織無意識。拉岡將人的
認識過程分爲想像和象徵秩序兩個階段。在第
一階段中，兒童與母體相連，無區別、空缺或
無意識，只有身分和存在。第二階段中兒童與

母體分離，在運用語言的過程中進入了父權秩
序，從而在下意識中形成對母體慾望的壓抑。
在拉岡看來，人類社會和文化上的一切生活都
是由這種象徵秩序主宰的。因爲語言象徵著世
上的萬物，象徵是表明符號能指和被表明的實
體所指之間的關係。克里斯多娃吸收並發展了
拉岡的理論。她接受了拉岡有關語言和慾望的
關係的思想，但側重記號理論的形而上建構，
更詳細地研究了想像階段兒童的無意識語言
的活動狀況。

　　「記號」與前俄狄浦斯的最初過程有
關。在前俄狄浦斯階段，孩子不會說話，卻有
一種由肛門和口唇引起的基本衝動，這一衝動
本質上流動的、沒有模式、不定形的，與聲音
和節奏相似。這一節奏的流動可以被視爲一種
語言，雖然它還沒有意義。爲了使真正的語言
產生，似乎必須切斷這條複雜的欲動之流，將
其分割成爲穩定的語詞。因此，在進入象徵秩
序之時，「記號」過程就受到壓抑，然而這種
壓抑並不完全，可以在語言之內找出作爲欲動

壓力的標記：在語調和節奏，即語言的身體性
和物質性之內，或者在語言的矛盾、無意義、
混亂和空缺之處。用特裡·伊格爾頓的話來說
就是：「記號是語言的『他者』，然而它又與語
言緊密地糾纏在一起。因為記號源於前俄狄浦
斯階段，所以它與兒童和母親的肉體的接觸有
關；而象徵秩序，正如我們所看到的，則與父
親的法律相連。因此，記號與女性緊密相連；
但是記號絕不僅僅是屬於女人的語言，因為它
產生於尚未認識到性的區別的前俄狄浦期時
期。」⑯

　　記號雖不是一種專用的女性話語，但它
與女性密切相連。

　　首先，記號的活動都聚集在「子宮間」
這一女性空間。「子宮間」這一術語源自柏拉
圖的《大希庇阿斯篇》（*Timaeus*），意指一種
「母性容器」，一個「永恒場所」；它「不能命
名，先於唯一、上帝，因而否定形而上學」。
⑰克里斯多娃挪用並重新界定了這一概念：
「子宮不是記號，也不是能指；不是模型，也

不是副本；它處於前象徵期，不確定，不可命名和言說；它是符號向象徵轉化的仲介。」⑱在克里斯多娃看來，母親的功能是一種曖昧的空間，即「子宮間」，它是一種母性的隱喻。母親並非主體，而是一個與嬰兒共生的結合體的一部分，一個排拒的對象（an abject），一個「他者」；或者是一個被渴望的客體，是嬰兒心中被壓抑的、不可言說的部分，即某種可怕的顛覆力量的所在。因此，「子宮間」這一曖昧的、混沌的、背叛的、不可言說和充滿愉悅的女性空間是一種邏各斯話語的斷層，它構成語言的多樣化和分裂性。

其次，記號與母親的愉悅和慾望相關。在基督教思想意識中母性被視為女性軀體愉悅的明顯標記，但這種快樂受到了嚴格抑制，生殖功能必須從屬於父親名下的法則，乃至父權制所壓迫的並非女性本身，而是作為母親的身分。克里斯多娃表明，誠如拉岡所見，問題不在女人的快感，而在於生育（再生產）和快感之間的必然聯繫。「如果女人在社會法則中

的地位在今天還是個問題的話,那麼它根本不
涉及女性快感的神秘問題——而是深層地從
社會和象徵角度涉及到生育問題以及包含其
中的快感。」⑲因此,克里斯多娃非常注重母
性的意義,認為對母親慾望的表達是對男性主
義的一種挑戰,並相信「懷孕和養育能打破自
我與他人、主體與客體、內部與外部的對立」。
⑳而且,她以「享樂母親」(good-enough
mother)這一形象,倡導將母親與性合二為
一,並把藝術描述為「母親享用」的語言。這
樣,女性不僅是藝術和寫作的空間,也是真理
的空間:「無以再現的真理遙不可及,顛覆了
男性邏輯、控制、偽真實的秩序。」㉑然而,
她對母性的闡發,不是對傳統女性特質的強
調,前俄狄浦斯的母親是包含男性和女性氣質
在內的雙性同體的形象,兩性的對立並不存在
於這一階段。性別差異的形成是在主體進入象
徵秩序之中。女性存在兩種不同的選擇:以母
親自居,女性將加強前戀母階段的女性心理成
分,使其從屬於象徵秩序;以父親自居,則將

種流動不居、瀰漫放射及訴諸感覺的文體在喬
伊斯、普魯斯特等男性作家的文本中同樣得以
表現。而馬拉梅、洛特雷阿蒙等現代派詩人的
作品中，那種突然變換、省略、停頓及缺乏邏
輯結構的寫作方法，也能夠使軀體與潛意識的
節奏衝破傳統社會意義的嚴密防線，並透過僭
越象徵秩序的邊界，把記號改造成一個新的象
徵域，從而表達了不可言說的東西。正因為這
種書寫能消解邏各斯話語的中心地位，顛覆父
權制文化中的等級觀念，記號理論便具有了深
刻的女性主義意義。

　　作為一個語言學家和解構主義者，克里
斯多娃的女性主義批評理論極富個性。她不僅
批判男性中心主義的思想，解構父權文化的二
元對立，探討女性受壓迫的機制，而且對女性
主義本身進行理性的審視和反思。她強調個性
勝於政治，反對本質化的女性特質等主張，使
她受到了不少女性主義者的責難。她的理論被
指責為「政治上令人不滿意」，她的政治手段
被批評為「停留在永恒自我擴散情況下的無政

府主義」。她把軀體引入女性主義的企圖被看成有害婦女對平等權利的追求。她的作品被貼上過「反女性主義」或「激進女性主義」的標籤。㉓而且,即使在她的女性主義著述中也很少以「女性」爲立場或者爲「女性」而發言,她本人拒絕接受女性主義者的稱號,對她來說,「作爲女性說話」在任何情況下都是可以解構的,因爲「女性並不存在」。因此,從這個層面來看,克里斯多娃算不上一個「純正的」女性主義者,她只能被視爲一個「女性主義批評的同路人」。

儘管如此,克里斯多娃的女性主義色彩是極爲濃郁、深層的。她對邊緣性及顛覆活動的理論探討,對主體身分的激烈解構,對所研究文本的歷史、文化語境的細心考慮,都爲以後的女性主義批評開創了新的思路。她關於記號語言與女性特質的理論,使女性主義者從反本質主義的觀點來研究女性和男性的寫作,拓展了兩性書寫的空間。她對個性差異的強調,將性別、語言、種族、慾望等引入批評的範圍,

打開了文學批評的固定疆界，擴大了女性主義
研究的範圍。無庸置疑，克里斯多娃的女性主
義詩學為當代西方的文學批評帶來了勃勃生
機，並促進了女性主義文學理論的多元發展。

注釋：

①托里・莫娃著，《性別／文本政治》，陳潔詩
　譯，駱駝出版社，1984 年，第 142 頁。
②轉引自朱立元編，《當代西方文藝理論》，華
　東師範大學出版社，1999 年，第 352 頁。
③ *Routledge   Encyclopedia   of   Philosophy*,
　General editor, Edward Craig（ London and
　New York, 1998）, Volume 5, p.306.
④同①，第 160 頁。
⑤ Julia Kristeva in Conversation With   Rosalind
　Coward, *The Portable Kristeva*, edited by Toril
　Moi（Oxford: Black Publishers Ltd, 1986），
　p. 347.
⑥ Interview With Elain Hoffman Baruch   On
　Feminism in the United States and   France,
　The Portable Kristeva, p. 370.
⑦同①，第 161 頁。
⑧轉引自陳永國，〈女權主義批評的同路人〉，

《中華圖書報》，2000 年 5 月 24 日。

⑨ Julia Kristeva, "About Chinese Women",
The Kristeva Reader, edited by Toril Moi（
Oxford: Black Publishers Ltd, 1986）, p. 140.

⑩ Julia Kristeva, *Tales of Love*, trans. by
Leons. Roudiez （ New York: Columbia
University Press, 1987）, p. 281.

⑪同⑩，第 287 頁。

⑫同⑩，第 245 頁。

⑬同⑩，第 246 頁。

⑭同⑩，第 327 頁。

⑮同⑨，第 143 頁。

⑯特里·伊格爾頓著， 《20 世紀西方文學理
論》，伍曉明譯，陝西師範大學出版社，1988
年，第 206 頁。

⑰ Julia Kristeva, "Women's Time", *The
Kristeva Reader*, P. 191.

⑱同③，第 306 頁。

⑲同①，第 160 頁。

⑳同②，第 352 頁。

㉑轉引自卡勒著，陸揚譯，《論解構》，中國社
會科學出版社，1998 年，第 154 頁。

㉒轉引自張岩冰著，〈法國女權主義文學批評
的語言學理論〉，《復旦大學學報》，1998 年
2 期，第 125 頁。

㉓同①，第 163 頁。

第六章

東方主義視域下的
中國婦女形象

克里斯多娃的《中國婦女》是她從符號學轉向女性主義與精神分析研究中的重要著作，它在法國女性主義批評和精神分析領域占有重要地位，在法國東方主義傳統中具有一種特殊矛盾的作用。

《中國婦女》寫作於 70 年代早期法國左冀知識分子對法國社會意識形態反思與批判的矛盾心態以及女性主義、結構主義、精神分析論爭中的複雜語境，更是克里斯多娃本人 1974 年 5 月訪問中國之後對中國婦女、中國革命及中國文化所作的種種思考。

作為中國文化的欽慕者，克里斯多娃專心研究過中國文字，獲取了中文學士學位。她訪問中國的初衷誠如《中國婦女》2001 年再版序言中所寫：「在精神分析和人類學之間，人類的多樣性吸引了我，促使我去發現社會主義政權可能具有的另一張面孔——如果宇宙真理被說成陰與陽的結合，真實被寫成表意文字的話。」①在三個星期的訪問中她跑遍了北京、洛陽、西安、廣東、上海等地，「迷失在

繡了櫻桃花的玫瑰色絲織品中」，試著「解讀
道教和佛教廟宇石碑上的大智大慧」，但主要
觀察的目標是「周圍現代而真實的婦女」。②
古老的東方文化與現代化交織的中國使她感
受到一種從未有過的「陌生感」，體驗到一種
蕩人心弦，又神秘難測、引人深思的複雜情
感。「在法國避孕藥和流產都被禁止，習俗還
不能接納女部長的時代，看似從中世紀甦醒、
從史達林模式中走出來的中國，卻拿出一幅嵌
滿問題和答案的畫卷，激起人們對『第二性』，
不，是對『半邊天』的未來思索。」③

　　當代中國婦女在社會、經濟、政治生活中
所獲取的解放與自由，是西方女權運動經過一
百多年抗爭仍未企及的目標。這是因為中國的
婦女解放與民族解放、社會主義革命緊密相
連，因為中國婦女的作用、家庭的作用自古以
來具有一種與西方不同的獨特性，因為「她們
深層地決定了倫理、多樣的信仰、宗教和家庭
權力形式乃至現代社會的權力代表機制」。④
因此，克里斯多娃認為：如果人們不瞭解中國

婦女,不瞭解她們的狀況與差異,就根本無法
瞭解中國。

抱著這種瞭解中國與中國婦女的急切心
態,克里斯多娃在西方漢學研究的書海中尋
覓,在中國西安半坡等古代文化遺址中探尋,
在與當代中國各階層婦女的交談中思考……
其良苦用心,不言而知。克里斯多娃雖對這部
著作評論說:「它既非學識淵博的書,也非主
觀性的評論」,但她筆下的中國不免帶有一種
浪漫的色彩,一種「烏托邦」的理想。又誠如
她自己所言:「或許這只是西方標準下他們/
她們對現實的一種投射」,「一種仍然極輕易就
有的殖民傾向的投射」。⑤在這裡,「中國被製
造成了符號學、女性主義、精神分析話語獨特
血脈中慾望的客體,被視爲法國的毛主義,其
目的是批判法國的民族同一性、中央集權以及
對北非、印度支那地區的繼續統治。」⑥顯然,
《中國婦女》不是一本完全關於中國的書,而
是克里斯多娃用中國作參照對西方話語進行
批判的理論依據。這部著作的二分法框架,即

第一部分：這一方（西方）與第二部分：中國
婦女，已清楚表明這一事實。

一、對西方一神論文化的批判

克里斯多娃在這部著作的第一部分著重
描述了性別區分與界定的西方傳統中婦女所
受的壓抑，首先是《聖經・舊約》中父系一神
論男女等級制的劃分以及對女性從屬地位的
規定；其次是佛洛伊德和拉岡對性別差異的精
神分析闡釋。

克里斯多娃從西方宗教、歷史和神話探討
了女性受壓迫的情境，指出對母性及軀體的壓
抑是一神論與父權制律法的首要任務。

基督教創世神話表明：女人不過是功能性
的，從屬於男性的客體；她只擁有軀體、性、
生殖的物質特性。「她從男人那裡分衍出來，
是由男人身上所缺少的那件東西造成的。她將
是妻子、女兒、妹妹，或者三者同時集於一身，
但她沒有名字。她的作用是保障生殖——種族

的繁衍，與社會的法律、政治、宗教團體沒有
直接關係。上帝通常只對男人說話」（*About
Chinese Women*, p. 18）。⑦在父權制社會，婦
女不僅被剝奪了言說的權利，而且被剝奪了享
受軀體愉悅（jouissance）的權利。

　　對母性情欲的仇恨在古希臘厄勒克特拉
（Electra）殺母的神話故事中得以更明確的表
現。它是西方父權制社會母親徹底失敗的象
徵，是扼殺母親愉悅的標誌。在克里斯多娃看
來，厄勒克特拉殺母不是替父報仇，而是不能
容忍母親與情人的偷歡。「母親的這種愉悅必
須受到禁止，這是父親女兒的要求，儘管她被
母親的愉悅所吸引」（第25頁）。因此，「殺母」
是父權制社會女兒成長的一個必要過程。只有
祛除母性的情欲，她們才能得到父親的認同，
得到父權社會的肯定和讚美，也才能被提升到
象徵秩序中完美的女性形象。

　　相反，與母親認同，女兒將重複母親的命
運，並和母親一道被驅逐出父權社會、語言、
法律之外，成爲「無意識的專家、女巫、女祭

司，在反對阿波羅（Apollo）的狄奧尼西奧斯
（Dionysus）的狂歡中享受無窮的樂趣」（第
34 頁）。這種潛意識中的衝動和愉悅，與宗
教、科學、哲學中的理性相對照，它斬斷象徵
秩序的鎖鏈，衝破父權制的統治與禁忌。因而
這種非理性的女性慾望被視爲一種危險性的
巨大破壞力量，一種誘使人類墮落的原罪，以
致形成中世紀的一種根深蒂固的認識：一切巫
力來自肉欲，女人與精靈匹配，從而導致西方
長達數百年的禁欲主義盛行。

　　因與情欲、巫力相關，女性被當作一種非
理性的代表，她與作爲理性代表的男性構成了
象徵秩序的二元對立項。於是，男人與女人、
太陽與月亮、理智與情感成爲一種控制與被控
制、征服與被征服、高貴與卑賤的等級關係。

　　這種尊卑等級觀念成了西方一神論文化
的精神支柱，它甚至影響到科學領域。柏拉圖
用兩性比喻說明人對外部世界的認識，以爲男
人是理性精神的代表，外部自然同樣滲透著理
性精神。因而，男人對自然的認識是一種精神

與精神的關係。換言之,人與外部自然的認識
關係,就是男人與男人之間的一種平等的精神
關係,它排除了物質的或物理的東西的參與,
完全集中於精神方面。大約兩千年之後,笛卡
兒和培根等人,重新肯定了科學活動的男性性
質,但笛卡兒的二元論和培根的科學反思在承
認認識主體的男性性質的同時,卻把外部世
界,即科學活動研究的對象說成是一種女性的
東西。笛卡兒二元論把科學性等同於認識的客
觀性,而認識的客觀性又被比喻為男性的認
識,因為男性認識與科學都是分析的、邏輯推
導的,因而二者可以畫上等號。培根則認為,
科學研究最基本的特質,是視自然為女性的,
把自然看作一個被征服和被穿透,並提供其女
性秘密的東西。這種認識散見於他對科學的各
種談論中。他頻繁使用兩性關係的比喻,如「自
然一旦接受到命令就必須服從」;「科學方法使
得人穿透自然的內在靈魂,進入它的深層」;
「透過男人的藝術和手,她被迫從她的自然國
度中走出來,經過榨擠和造型,産生出許多有

用的分泌物」。在談到亞里斯多德時，說他對
「自然這個女人不沾邊，不侵犯，因爲他不願
意支配她和捕捉她。」⑧這些比喻揭示出培根
思想與柏拉圖的區別，柏拉圖把女性的和物質
的東西驅逐到另一個領域，不再理會它們，從
而保持男性的純潔性；培根則創造出一個異
性關係的模式，其中女性和物質的東西被男性
和精神的東西所支配。在這兒，科學活動，或
者說，科學活動之所以是科學活動，就在於它
是男性的，男性的就是理性和絕對未被感情污
染的，就是分析和客觀的。科學與自然之間和
男性和女性之間一樣，是一種控制和被控制、
支配和被支配、強加和接受的等級秩序。

　　西方父權制的這種二元對立觀念，使主、
客體相分離，使男、女兩性之間存在一種永恒
的「裂口」或「深淵」。因此，克里斯多娃指
出，一神論是由這種極端偏激的性別區分維持
著，「它和異教一起共同壓抑農業文明及其思
想意識的代表：婦女和母親」（第 18 頁）。

二、中國婦女的異質性

　　克里斯多娃對西方基督教文化進行反思和批判後,轉向中國,試圖理解「這個並非用異國情調的說法就可以解釋得了的獨屬於自己邏輯」(第 12 頁)的東方文明大國。經過一番訪古、交談和揣測,她指出中國與東方的根本差異在於中國家庭、中國婦女及現行的革命。「關於中國家庭和中國婦女地位的現行革命是 20 世紀以來所進行奮鬥的一部分。對中國革命加以概括並非輕而易舉之事,因爲中國社會歷史給我們提供了兩種不同的家庭模式概念」(第 45 頁)。

　　在克里斯多娃看來,中國歷史上存在兩種家庭模式:母系家庭與父系家庭。她根據法國漢學家馬賽爾·格蘭尼特(Marcel Granet)的《中國文明》(*La Givilization Chinoise*)和《書的復興》(*La Renaissance du Livre*)、李維史陀的《關於親屬關係的基本結構》(*Les*

Structures elementaires de la parente）等書籍
以及西安半坡母系社會遺址和中國遠古女性
（女媧、西王母、觀音等）神話，推測儒家史
前的中國是以母親為中心的社會。「難道半坡
母系社會遺址是黃金時代的一種幻想？是恩
格斯的理論（《家庭、私有制和國家的起源》
對母系社會的描述)與中國過去的巧合？是考
古事業的膚淺詮釋？也許是這樣。但這個難解
之謎表明：母親處於中心地位」（第 61 頁）。
克里斯多娃以幻想的筆調把古代中國描繪成
一種母系親屬的交際模式，認為從母親到女兒
的家系，每一地區的家族群體是根據母系血緣
來組織的。換言之，女婿住進丈母的住地，子
女使用母姓。總之，婦女在家庭生活中起著主
導作用。在母系社會，連結同姓人的關係不僅
是血緣或家庭關係，還包括整套經濟、區域和
性別關係。因而，「母親」不是生育你的那個
女人，而是村落最受尊敬的女人；「父親」不
是生育你的那個男人，而是所有的叔叔。

　　在對母系社會作如此描述後，克里斯多娃

年的卑賤地位。但由於中國父系家庭源於母系
家庭模式,母親,尤其是長輩婦女在儒教家庭
中仍然具有一定的權力作用。克里斯多娃以孔
子、孟子的母親以及《紅樓夢》中的母親和祖
母爲例加以分析,並指出母親在家庭中的權力
必須經過她們作「女兒」、「母親/陌生人」的
階段,尤其是在丈夫死後,透過長子,才能獲
得。而且,母親的權力只代表父權律法和丈夫
的權力,她本人並沒有任何權力,甚至沒有自
我。「即使封建家庭給予父親同謀的婦女留有
一點權力,但絕無可能讓『他者』性別承擔起
『他者』的角色,並在生產和生育關係中作爲
『他者』起作用」(第 79 頁)。

　　與西方一神論對等的儒家父權制對中國
婦女的統治長達數千年,直到 1949 年的中國
革命,才給父權制家庭和婦女的作用帶來了一
場根本性的變化。克里斯多娃以四章的篇幅描
述了中國婦女在新民主主義革命和社會主義
革命中所發揮的作用,分析了中國革命與婦女
解放相一致的獨特內涵,指出中國革命的性質

是一場反父權制的革命,而「婚姻法」的實施
基本上摧毀了舊的封建家庭,恢復了「母權社
會婦女所擁有的平等權利和地位」,這使當代
中國婦女比西方資本主義社會婦女擁有更多
的平等權利和自由。克里斯多娃以「婚姻法」
中所規定的「子女可以隨父姓,也可以隨母性」
這一條為例,作了較詳細的分析。

在她看來,一個人的姓名是社會權力與統
一的象徵符號。允許婦女婚後保留自己的姓名
不僅給父系親屬制度一個打擊,而且把婦女提
升到象徵權力。婦女的這種「男性氣概」能夠
幫助她離開家庭、離開閨房,參與社會政治、
文化和經濟生活,是「醫治她精神疾病的強身
劑」。但是,承認婦女的真實姓名只是第一步,
若不承認她的「象徵名字」,諸如她的「人格」、
自主的聲音和特殊的社會作用,就不能對父權
制社會產生真正的影響。克里斯多娃認為,這
個問題在中國不僅得以回答,而且比西方回答
得更明確,因為儒家父權制一直受到母親及其
性欲和「逆向權力作用」的影響。因此,使用

她（父親）的姓的效果對中國女性和西方女性來說是不一樣的。

另外，克里斯多娃認為「婚姻法」所賦予的其他利益，理論上是提高中國婦女的地位，事實上有利於性愉悅與生產中的積極因素。如「婚姻法」中所規定的丈夫在妻子懷孕期間和分娩一年內不得提出離婚，妻子則不受限制。離婚後，婦女通常獲得監護孩子的權利。

克里斯多娃用精神分析法來看待中國家庭和中國婦女，設想性是家庭、語言和社會組織中主體身分的中心。她把史前母權制與前俄狄浦斯溶合一起，把儒教對婦女的壓抑與象徵秩序對母親愉悅的壓抑相關聯，進而認為反父權制統治的中國革命或許是一場釋放女性「力比多」（libido）的大解放，並相信中國婦女與西方婦女的真正區別在於：「中國婦女與男人一樣，她們的女祖先比任何人都瞭解房中術」（第198頁）。當中國共產主義抨擊這些被家長制看作是「『女性的』——實用主義的、實利主義的和心理的傾向時，實際上它並不真是

這樣做，因爲在中國，家長制前社會總是給予
婦女真正的而不是象徵性的權力。……透過對
婦女談論自己，（共產黨）讚譽她們的能力，
假定一種象徵性功能（組織約束力，社會法
規），這種能力本身有傳統做基礎，因爲它包
括儒家學說的前後世界」（第 199 頁）。在她看
來，中國婦女所獲得的這種權力是有關軀體的
權力，「這個軀體懂得權力：象徵契約、經濟
限制以及衝動、慾望和矛盾」（第 199 頁）。

　　在發明和挪用「中國婦女」的身分時，
克里斯多娃忽視了當代中國婦女的複雜情
境，忽視了數千年中國家庭、社會和政治生活
中性別歧視和壓迫的內在關係，而把她「理想
化」、「東方化」，甚至把她塑造成一個精神分
析女性主義的「他者」，一個西歐超結構禁錮
婦女的不同範例。克里斯多娃在描述中國婦女
的情境時，不時把歷史、生理上的「婦女」和
心理、美學上的「女性」或「女性特質」相混
同，把馬克思主義與精神分析方法相結合，並
加上她的主觀想像，因而得出一個偏頗的結

論：中國與西方的真正差異似乎在於女性的
「力比多」權威。換言之，中國的異質性在於
「中國是女性的」。

三、女性化／泛性化的中國形象

70年代，法國學術界、理論界異常活躍，
結構主義、精神分析、女性主義、解構主義等
批評方法處於激烈的爭論之中。克里斯多娃的
《中國婦女》也許是這一獨特歷史語境的產
物。如利莎‧洛威（Lisa Lowe）指出，這部
著作的目的「是爲了批評法國和北美女權運動
缺少精神分析的技巧，並給佛洛伊德和拉岡的
性別差異理論提供女性主義的批評方法。」⑨
於是，中國成爲她批判西方邏各斯話語的一個
參照，成爲她建構批評理論的有力論據。

克里斯多娃詩學理論的獨到之處是她的
兩個重要批評術語：「記號秩序」與「象徵秩
序」。前者指前俄狄浦斯過程，與分裂性的前
語言相連繫，後者則與俄狄浦斯秩序相統一，

與意識和「父名」相連繫。在闡釋中國時,她
把儒家史前的母權制納入「前俄狄浦斯」理論
之中,提出與西方父權制相對照的中國母權制
是中國文化的重要血脈,其影響深遠。「我們
能夠從其他歷史和傳統事實中證實史前時期
與母系家庭模式的存在。更重要的是,這一社
會結構對現代的中華民族的意識觀念和象徵
習俗仍有影響」(第 52 頁)。而且,她把中國
思想、文化界定爲一種區別性的符號學:「這
個異質性(既是形式又是內容)藐視象徵主
義,透過衍生,透過對立符號(十和一,天和
地等等)的結合得以成爲現實,所有這些條件
均是等值的,換言之,沒有單個孤立的象徵性
原則會與自己形成對立,並斷言自己是超越物
質世界的法則⋯⋯總之,中國唯物主義不能離
開性別、社會秩序去想像,在這一秩序裡婦
女、母親在肯定的、未受壓抑的生殖中承擔『他
者』的角色」(第 54 頁)。顯然,克里斯多娃
把中國文化描述成處於前俄狄浦斯階段或受
其影響,是爲了證明中國文化的異質性:女性

的物質性、肉體性，它不僅是西方話語所「壓
抑」、「否定」的東西，也是顛覆邏各斯話語的
主要力量。克里斯多娃用這一理論對中國語
言、文學、道教等文化現象作了浪漫化的閱
讀。

在她看來，中國語言具有兩種獨立的語
言系統：音調系統與書寫系統，音調系統保持
了母系社會的遺跡，其中母親及其軀體的音
調、節奏占統治地位，這表現爲處於前俄狄浦
斯階段的嬰兒對母親軀體的一種「模仿言語」
（echolalia）。這種言語只能從韻律、聲調、
姿勢這一類非理性的言語成分中去尋找，它依
賴母性，具有「前句法」和「前象徵秩序」的
特徵。同樣，源起於意象性書寫的漢字，雖然
不斷被風格化、抽象化，但它仍保持其「形」、
「聲」特徵，因此克里斯多娃認爲漢字的
「形」、「聲」是比意義與感受更爲古老的「心
理基礎」的表現。「漢語書寫的邏輯……在我
們今天看來，處於前俄狄浦斯階段──依賴母
性、社會、自然這一統一體，無視事物秩序與

象徵秩序的明確區分，支配潛意識的衝動⋯⋯
會意漢字利用這個前俄狄浦斯階段來結束國
家、政治與象徵權力」（第 57 頁）。

　　克里斯多娃把中國語言與母權制文化和
前俄狄浦斯話語相結合，把個體心理與語言習
得和語言史相混同，無疑是把中國語言屈從於
其記號學理論，並以這一理論來作爲評判中國
文學作品的標準。她對宋代女詞人李淸照推崇
備至，認爲她「不僅是中國文學史上，也是世
界文學史上的一位巨匠」。這是因爲「李淸照
把其他詩人很少達到的音樂感注入到中國詩
歌的一般特性裡，節奏和韻律的優美結合以及
文字本身的形式，創造一種語言——能夠用最
少的視聽因素就能掌握人體、世界和意識之間
的共生，一種人們既不能把它標爲音樂也不能
標爲意義的語言，因爲二者已溶爲一體。」（第
50 頁）。李淸照詩詞中所表現出的這種音義結
合，物我交融的藝術境情，也是克里斯多娃從
一位當代中國女農民畫家的作品中所感受到
的。女畫家「做著梵谷的夢」，憑著直覺和領

悟，再現了當代農村生活，因而她的作品「像
道家藝術家的作品」。這種主客體不分，天人
合一的藝術思維與西方傳統中的二分法邏輯
思維是相對立的，它受到克里斯多娃的推崇。

克里斯多娃的「母親中心論」還表現在她
對中國道教文化的闡釋之中。她追溯到西元前
1 世紀道教的一本小冊子《房中術》，認爲它
是母權制的遺跡，因爲它把婦女描述成性的發
起者和主動者。「她不僅懂得性技巧，還知道
其神秘意義和長壽秘訣。並且，在性的交戰中
她的愉悅是不可戰勝的。……素女、玄女、采
女所告知的房中術是主要關心婦女的愉
悅……這種愉悅的身心結果不是把婦女當作
『卑賤的』、無價值的及菲勒斯（phallus）控
制下性愛中令人滿意的『尤物』。」（第 61
頁）。克里斯多娃貶儒揚道，對道家的性愛觀
大加讚賞，認爲道教是婦女性愛實踐的「庇護
所」，它對中國社會產生著「顛覆」和「解放」
的作用。

克里斯多娃的這一看法與許多西方人爲

了尋求精神導向而轉向「東方」是一致的。但
她沒有認識到道家和道教本身的複雜性。與儒
家男尊女卑觀念相比,道家／道教對女性的認
識可謂平等多了。重陰陽、等男女是原始道教
(太平道、五門米道)的一個鮮明特色。他們
認為,男女陰陽是不可分割、缺一不可的兩個
方面,陰陽合和生出萬物,「有陽無陰,不能
獨生,治亦絕滅;有陰無陽,亦不能獨生,治
亦絕滅;有陰有陽而無和,不能傳其類,亦絕
滅。」⑩但是,這種陰陽平衡論與道家所信奉
的「自然和諧」的哲學思想以及繁衍生命、延
年益壽的功利目的是相一致的。

　　對「性」的問題,無論是儒家的「存欲論」,
還是道教的「房中術」都不將性視為目的,而
是手段。儒道哲學均以「道」為旨歸,儒家的
道是「社會秩序」,道家的「道」則為「自然
之和」;而「性」,從根本上說,是為「道」服
務的,只有當性成為致道之途時,它才有存在
的合理性。作為方式和手段的「性」,儒家以
「不孝有三,無後為大」,來強調生命的繁衍,

道教則以延壽長生、還精補腦爲目的,而採用
各種道術,「房中術」便是其中最主要的一種。

　　在道家／道教的性觀念中,有三種不同的
認識。老子、莊子以「無欲」爲自然,所謂「見
素抱樸,少私寡欲」(《老子》),「同乎無欲,
是謂素樸;素樸則民性得矣」(《莊子》)。魏
晉的楊朱學派則以「窮欲」爲自然,將道教的
以「房中術」延壽養性,衍化爲以「縱欲」樂
生爲目的;東晉後期,道教的上清、靈寶諸派
皆輕視房中術,北魏寇謙之改革天師道,力斥
男女合氣之術;金初王重陽創建全真道,力主
戒色去欲,房中術則成了「猥褻淫穢」之術。
從此,道教的性觀念在「禁欲」這一點上,與
宋代儒家理學走到了一條道上。「儒道兩大派
以及儒家——理學家、道家——道教四家,其
『性』的觀念,殊途同歸,共同造就了中國古
代的非性文化。」⑪由此可見,道家的性觀念
是相當複雜的,它基本上是「非性的」,即使
在魏晉時代盛行的房中術,也主要以性爲手
段,且將女性視爲男性長壽的工具。所謂「禦

女之術」，是男性出於自己的私欲、淫欲而對
女性施加的統治。在性活動中，女性是被動的
客體，或被利用的工具，難以談得上多少「愉
悅」。顯然，克里斯多娃是從神話、傳說等有
限的材料中得出如此偏頗的結論，卻無視中國
道教文化的複雜性，甚至一意孤行地用自己的
方式來閱讀中國。當一位被採訪的中國婦女批
判道家時，克里斯多娃卻拒絕相信她的話：

　　「她是一位三個孩子的母親，最大的孩子
十歲。她曾在大學念過四年書，在過去的五年
裡，一直在博物館工作。我問她：王叢（音譯），
對於你，是一個唯物主義者。你怎樣對唯物主
義者下定義呢？是不是說應該批判關於身體
的論述以及一些道家儀式呢？道家傳統難道
不代表——雖說是以神秘主義的形式——某
些反孔儒學的唯物主義的要求嗎？

　　但是她沒有回答我的問題，只是說：『道
家和儒家狼狽為奸，是唯心主義的兩個方
向』，王叢已經超越它們。超越了？或者說是
受到了壓制吧？」（第 177 頁）

　　於是，中國「婦女」便獲得了克里斯多娃
式唯物主義的意義，但這種「唯物主義」似乎
是無時間限制的，對古代中國和當代中國都通
用。無疑，這種觀點重複了 18 世紀以來認爲
中國處於「永恒的停滯不動的狀態」的歷史傳
統，只不過她從一個女性化了的、否定的角度
來支援和採納了它。⑫

　　「中國時間比其他任何時間對我們的好
奇進行了挑戰。隱存在長城背後的是迴圈、重
複與民族偏狹性。它們與西方文明的邏輯發展
和按規劃行進的人爲時序相對抗。然而，中國
歷史上有過裂變，即道教農民起義所導致的宮
庭政變，它打破了這種永恒的迴圈，承擔著不
同的角色……因此，中國時間的連續性是完全
不同於美國時間的，它具有重複與斷裂的特
點……破壞中國社會秩序的人是道教人士、詩
人、無政府主義農民、青年和一些婦女」（第
204 頁）。

　　克里斯多娃把理想化的「中國時間」與她
對女性特質的界定方式是一致的。首先，「女

性不可被界定」。要按照這個觀點來界定女性就必須認同所謂的「歷史時間」，即「時間作爲規劃和目的論，以線狀和凸出的方式伸展開來，時間作爲出發、進展、抵達。」⑬與此相反，她把女性看作一個「空間」，這個空間與「永恒」和重複相連結。因此，女性是對歷史時間的否定，它不可能真實地存在。「一個女性不可能『存在』；她甚至不屬於存在秩序之中。女性主義的實踐只能是否定的，與已經存在的事物不妥協，以至我們可以說『那不是』和『這也不是』。從『女性』上，我看到有些東西是不能被表述出來的，有些東西是不可言喻的，有些東西是高於和超過命名和意識形態的。」⑭相信女性與歷史之間具有一種否定的關係有助於我們理解克里斯多娃的顛覆意圖。由於女性被拒斥於象徵秩序的邊界，是邏各斯話語的斷層，那麼顛覆象徵秩序的策略便是徹底執行其邏輯，把女性當作完全的「局外人」，是徹底的「否定」和不可「表述」的。但要注意到，克里斯多娃在此提到的「女性」，

實質上是一種「女性特質」，即一種被父權制
象徵秩序邊際化的特質。它存在於人的無意識
之中，存在於心理母親的基礎之上。因此，她
把中國歷史上的道教人士、詩人、農民、青年
和婦女看作具有女性特質的邊緣人，是破壞社
會秩序、中斷歷史時間的力量，就如同她把馬
拉美、詹姆斯、喬伊斯等現代派作家的無意識
創作看作是顛覆象徵秩序的力量。她的記號理
論透過她對中國文化的閱讀而得到了更大的
擴充。克里斯多娃把中國納入「前俄狄浦斯」
和「母權制」的作法受到了佳·查·史碧娃克
（Gayatri. C. Spivak）、周蕾（Rey Chow）等
西方女性主義者的批判。史碧娃克指出「克里
斯多娃的研究課題一直是在符號前定位的潛
在的起始空間，不是去解構起端，而是從考古
學上和形式上恢復它。」⑮周蕾則認為「如果
一個現代的文化是以其原始主義而被評估
的，這是否意味著這個文化處於我們的時間之
外，禁錮於自己的靜止不變的狀態之中。」⑯
　　克里斯多娃不僅以記號學理論來闡釋中

洞能指。她根據佛洛伊德《論物戀》篇中所提
出的「纏足是對女性進行閹割的象徵」的觀
點,補充說「唯有中國文明承認了這一點」(第
83 頁)。佛洛伊德認爲纏足是閹割的一種形
式,這種形式是人類文明的基本組織原則,克
里斯多娃則強調女性閹割本身所具有的女性
意義。把纏足與割包皮相比較,認爲割包皮是
禁令的標誌,發生在男性身上。這意味著,從
象徵的意義上來說,在西方男性接受了肢體殘
缺、從屬和差異的標誌。因此可以說,西方男
性同是男人與女人,是「面對父親的女兒」,「他
的父親的女兒」(第 85 頁)。西方女性,雖然
其身體的構造不同,卻仍然是不可名狀和多餘
的。然而,在纏足問題上,她認爲這是中國文
化對女性在象徵秩序裡具有同樣權力的理
解。纏足習俗是伴隨理解而產生的焦慮的符
號,它明顯地表現在女性軀體之上,從而使女
性軀體成爲男女之間搏鬥的象徵性的意識負
荷者。如果我們順著這條思路,或許會以爲纏
足,這種對女性軀體殘害的陋習,竟然是中國

儒家社會對婦女享有基本權力的承認，而不是
對它的否認。克里斯多娃因把中國文化屈從於
法國精神分析法，所以對中國婦女所遭受的痛
苦輕描淡寫地一筆掠過，雖然承認她們是「苦
難中古老真理的負荷者」，但拒絕她們在象徵
秩序中可以作爲主體的位置。

四、對東方主義話語的批評

　　克里斯多娃的《中國婦女》是在法國非殖
民主義時代寫成的，她所理想化的東方／中國
的社會生產、歷史結構和文化作用與早期西方
的東方化形象有所不同。但是，她把中國刻畫
成一個具有獨特邏輯的「他者」形象，與早期
東方主義的作法並無區別。她對中國及中國婦
女進行描述的語言和姿態令人想起法國作家
福樓拜在《東方女性》中對埃及婦女的一段描
寫：「東方女性是一部機器，除此之外她什麼
也不是；在人群之間她是不易分辨的……我們
在思考她，她卻不會思考我們。我們爲她的利

益在編造一種美學。」⑱同樣,克里斯多娃在
書的開篇對西安戶縣廣場上的人群作了如下
描述:「一大群人坐在太陽底下,她們在默默
地等待我們,一動也不動,眼神沉重,甚至一
點也不感到好奇,不管怎樣說,她們目光敏
銳,確信自己屬於一個與我們毫不相干的群
體。我們辨不清她們的性別、膚色、面貌或形
體」(第 11 頁)。無疑,克里斯多娃和福樓拜
一樣,把中國當成西方作家與讀者之間交換的
一個「他者」,而她的「他者性」表現爲「緘
默」、「惰性」、「冷漠」等特性。因此,面對這
樣一群默默無言的婦女,克里斯多娃提出的問
題是有關她本人的身分,而不是她們的身分:
「那麼,是誰在戶縣廣場上的農民注視下講
話?」(第 15 頁)或許廣場上那些緘默的婦女
會用保留的、羨慕的目光看待這種「西方入
侵」。

在對中國與西方進行比照時,克里斯多娃
誇大了母權制和道教對中國的影響,甚至相信
「作爲詩人和作家的毛澤東是古代道教最忠

實的現代信徒」。⑲她把中國文化歸併到女性一方，認爲它是神秘主義的、非理性的，無疑複製了早期東方主義的論調。事實上，中國文化並非西方人想像的，是一種女性化的文化。中國傳統是由儒、道、佛等多種派別構成，其中儒家文化占主導地位。我們知道，儒家傳統是男性化的，君君、臣臣、父父、子子的模式，是重男輕女的模式。這種模式浸透在中國的倫理和政治中，使中國的倫理和政治一向是男性的和征服的。而且，儒家之道是「乾」、「陽」之道，如「乾，天也，故稱乎父」（《易·說卦》），「天行健，君子以自強不息」（《易·象傳》）。這種剛健的境界成爲儒生修身、齊家、治國、平天下的理想夢境，也成爲儒家君子審美的觀照，表現人生的極境。因儒家人道是法天（陽）而成，故亦以理性爲主要的標誌。其理性，便是儒家之「禮」的精神。「禮」的主要內容則是確立尊卑等級秩序。這與西方的一神論等級制並無根本差異。

那麼是不是道家所提倡的，就是一種女性

文化呢？我認爲同樣不是。雖然《老子》尚水貴柔，尊母重牝，那也是爲了讓水與火、女性與男性達到一種最佳的擁抱與混合，以生髮出一種新性質。這種性質位於陰與陽，水與火的中間地帶，也就是西方人說的 "marginalarea" 。這種性質在中國文化的發展中，更多地進入它的藝術中，而不是它的倫理和政治中。中國傳統藝術，不管是繪畫和書法的筆觸，還是戲劇藝術的唱腔，亦或是詩詞的境界，都在追求兩極之間的一種動態平衡，達到陰中有陽、陽中有陰。因此，中國傳統藝術不僅是對中國男性化的倫理和政治的一種超越，也是對女性傾向的一種超越。這種藝術和文化不是一種非理性，而是達到理性認識的另一種更快捷、更高級的方法和渠道。

然而，克里斯多娃對中國所作的種種誤讀並不是出於貶損中國、抬高西方的本意，也沒有早期殖民主義者居高臨下的霸氣，相反她把中國看成一個「非殖民化」的、具有非西方政治意識形態、可資借鑑的「烏托邦」國家。她

不僅沉溺於中國的古老文明之中,而且迷戀於
中國的現行革命、婦女解放以及「文化大革
命」,甚至爲了更好地瞭解中國婦女,她廣泛
地接觸各界婦女,其中有農民、工人、大學教
授、歷史學者、母親、幹部、女青年,與她們
交談,傾聽她們的聲音,並對她們在中國革命
和社會生活中所發揮的作用持肯定、讚揚的態
度。在這一點上,史碧娃克等批評家把她批判
爲「在反映廣博的西方文化實踐的同時,對『古
代』東方採取的是尙古主義的研究,對『當代』
東方則是以輕蔑現實政治的態度對待的」⑳觀
點,顯然是有失公允和偏激的。也許在這方
面,克里斯多娃比史碧娃克更關注中國婦女,
更瞭解中國婦女,也以更平和的心態看待中
國。但具有諷刺意味的是,當克里斯多娃把中
國當作批判西方父權制意識形態及象徵秩序
的參照或工具時,她無意或有意地把中國「浪
漫化」、「女性化」了,甚至使它屈從於自己的
理論,從而又滑落到了早期東方主義的路徑之
上,使中國成爲西方世界的一個永恒的「他

者」，使東、西方之間存在一條永遠跨不過的
「陌生化」橫溝。克里斯多娃的思想與理論不
無矛盾之處。也許，正由於此，她一方面被當
作當代西方著名理論家而受到推崇，另一方面
她被女性主義者和後殖民主義者不斷地解構
和批判。

注 釋：

① Julia Kristeva, *Des Chinoise s*（ Pauvert: Artheme Fayard, 2001）, P. 9.

②同①，第 8 頁。

③同①，第 11 頁。

④同①，第 11 頁。

⑤同①，第 7 頁。

⑥ Kelly Oliver edited, *Ethics, Politics and Difference in Julia Kristeva' s Writing*（New York and London: Routledge,1993）, P. 150.

⑦ Julia Kristva, *About Chinese Women*, trans. by Anita Barrows（New York: Urizen Books, 1997）.

⑧ 滕守堯著,〈西方「女性主義」與新道家〉,《河北學刊》, 1994 年第 3 期, 第 91 頁。

⑨ 同⑥, 第 151 頁。

⑩王明著,《太平經合校》, 中華書局, 1960 年, 第 149 頁。

⑪唐正序、曹順慶主編,《生命的光環——中國文化與中國文論》,四川文藝出版社, 1996

年，第 253 頁。

⑫周蕾著，〈看現代中國：如何建立一個族群
　觀眾的理論〉，張京緩主編《後殖民理論與
　文化批評》，北京大學出版社，1999 年，第
　326 頁。

⑬ Julia Kristeva, "Women's Time", *The
　Portable Kristeva*, edited by kelly Oliver
　（New York: Columbia University Press,
　1997）, P. 351.

⑭同⑫，第 323 頁。

⑮佳‧查‧史碧娃克著，〈三個女性的文本與
　帝國主義批判〉，張京媛主編《後殖民理論
　與文化批評》，第 94 頁。

⑯同⑫，第 325 頁。

⑰同⑮，第 84 頁。

⑱同⑥，第 159 頁。

⑲ Julia Kristeva, "My Memory's Hyperbole",
　The Portable Kristeva, P. 18.

⑳同⑮，第 83 頁。

結語

克里斯多娃的多元理論及
批評立場

　　作為當代法國著名的理論家和批評家，克里斯多娃的批評立場複雜多變，諸如符號學、結構主義、女性主義、心理分析、解構主義都是她所涉足之地。她的每一種理論都融合了多種知識和方法，並具有透視西方社會的文化特徵以及強烈的意識形態色彩或解構傾向。

　　在符號學領域，她既接受了索緒爾的語言符號二分法及差異論的思想，又批判其靜態符號概念，並把馬克思主義與佛洛伊德理論和巴特的文化意義批評結合起來，提出瞭解析符號學——這種後結構主義符號學方法，認為符號學不僅是一種語言學理論，而且是一種「批評的科學」，一種顛覆傳統秩序的政治批評實踐。她在這一領域中的主要貢獻是超越了結構主義的靜態研究模式，而轉向動態的文本研究，提出了文本（如現象文本與基因文本）之間的轉換論、對話原則以及「互文性」等重要理論。對她而言，文學文本與社會歷史不構成部分與整體，再現和背景的二元關係，它是由一個能指和所指對立差異構成的，具有不確定

指義關係的符號系統；文學不再是一個需要用
主體理性來窮盡的意義本體，而是一個意義產
生，且充滿各種聯繫的動態過程。一切時空中
不同時間不同地點的文本相互之間都有聯
繫，彼此組成一個語言的網路。一個新的文本
就是語言進行再分配的場所，它是用過去語言
所完成的「新織體」。而且，任何一個文本都
是從社會、文化等因素構成的「大文本」中衍
生的，它們之間有共同母體，可以相互參照。
克里斯多娃把文學納入到非文學話語、代碼或
社會、文化的整合研究之中，無疑拓展了文學
研究的範圍。

在女性主義批評領域，克里斯多娃把女
性主義與精神分析結合在一起，吸收並發展了
佛洛伊德和拉岡的理論，同時借鑑了德希達的
解構策略，從而使其女性主義詩學獨樹一幟。

不同於英、美女性主義者從社會、歷史
中探討婦女受壓迫的根源，克里斯多娃主要從
文本、語言、潛意識中探討女性受壓抑的機
制。她的重點不在生理意義上的「婦女」，而

在文化語境中的「女性」，並視「女性」爲一種不可界定的「東西」，一種存在和話語方式。同時，她反對激進女性主義的美學主張，拒絕自由女性主義的策略，認爲這種「反意識形態」的作法無異於確定了一個女性中心主義，重設了中心／邊緣的二元對立模式，因而陷入了本質論的構架之中。她從差異論出發，倡導一種基於個人獨特性之上的多元女性主義理論，並從文化、語言、文本中建構女性的意義。

　　克里斯多娃的女性主義詩學的獨特之處在於其記號理論。與意識或父名相連繫的「象徵秩序」不同，「記號秩序」則與母性、軀體、潛意識相關。它在日常生活的話語交際中很難找到，卻在夢中和一些詩歌語言形式中普遍存在。她所闡述的記號話語，實質上，是一種狂歡化語言或詩性語言，它打破單一的語言演變規律和邏輯秩序，使語言回到那種活生生的、充滿激情和神聖的感性狀態。因此，這種記號話語並非一種真正或專用的女性話語，它與「男性象徵秩序」共存在於對立統一的框架

中，是一種既擁有同時又顛覆「父親律法」的
話語。正因為如此，克里斯多娃對西蘇、依利
格瑞等女性主義者所倡導的「女性話語」、「女
性書寫」持有異議，認為這種反理性的女性寫
作恰恰順從了父權制給女性規定的非理性地
位。也正因為如此，她被貼上過「反女性主義」
的標籤，而她本人拒絕接受一般意義上「女性
主義者」的稱號。但她對女性心理的研究以及
文化深層問題的探討，無疑使她成為女性主義
研究中具有深邃思想的理論家之一。

　　克里斯多娃的作品從 20 世紀 60 年代的
「符號學分析」實踐進展到 80 年代後期對藝
術和憂鬱的思索。在《恐怖的權力》以前，她
的寫作集中於代議制國家機器和科學邏輯特
權在西方社會的侷限性，特別著重於美學實
踐；而 1980 年以後的寫作對這一關注減少，
她更熱心於分析主體和在「愛」及「憂鬱」中
認同的重要性。

　　從更深廣的角度看，她是在和資本主義
代議制國家過分約束的「父名」文化作鬥爭，

而隨後強調認同和個性，排斥模仿「女性特質」
的形式；她把認同視爲愛的必要組成部分以及
反對憂鬱症的堡壘。重心的轉移是因爲她個人
越來越信服分析實踐，而且她從來就沒有爲是
記號秩序高於象徵秩序或爲象徵秩序高於記
號秩序的統治地位而辯論。相反，她力求使個
體在社會和心理體驗中找到一定的平衡，在作
爲意義的語言（象徵）和潛在地、富有想像力
的無意義（記號）之間找到某種平衡。這種思
想的轉變是與她所處的社會、文化語境密切相
關。60、70 年代後結構主義的興起使批評家
對「主體的表徵能力」的驕傲自大提出質疑，
「差異性」推翻了「同一性」；進入 80 年代興
盛的後現代主義時期，對「差異性」的歡呼又
促進了「多樣性」的發展。人們對主體和言語
的懷疑達到了前所未有的程度，致使後現代主
義的歡呼成爲「能指死亡」的巨大理論慶典。
這一時期的克里斯多娃同樣以非凡的個體理
論來防止政治成爲教條的宗教實踐的替代
品。她對一切政治團體失去興趣，對女權運動

提出質疑，要求性別差異的政治必須由多元化
的差異來取代。

　　這種多元化的理論主張使她強調不同文
化之間的相互融合，強調對外國人／陌生人的
「他者性」的認同和尊重。出於對中國文化的
熱愛和推崇，克里斯多娃不僅沉醉於中國的古
老文明之中，而且迷戀於中國的現行革命、婦
女解放以及「文化大革命」，認爲中國是一個
具有獨特邏輯和非西方政治意識形態，且可資
借鑑的「烏托邦」國家。在她把中國當作批判
西方父權制意識形態的參照時，她不免把中國
「浪漫化」、「女性化」了，甚至使它屈從於其
精神分析法和記號學理論，從而又走到了早期
東方主義的路徑，使中國成爲西方世界的一個
「永恒」的他者。正由於此，她受到史碧娃克
等後殖民主義者和女性主義者的批判和解構。

　　綜上所述，克里斯多娃的多元理論是當
代西方多元文化語境中的産物。但由於綜合的
知識雜多，她所運用的元理論語言，諸如結構
主義、解構論、精神分析、數理邏輯等之間的

關係時常混亂，科學的客觀外衣和解釋性的主觀意見往往任意混淆。而這些純理論分析與其社會歷史方面的意識形態分析相遇後，她的有關文本意指生產、主體構成、意識形態前提等方面的內容和形式的因素更處於不清晰的關係之中。儘管她聲稱她的解析符號學是一種辯證的意指實踐理論，但她並沒有將文本看作一種實踐的產物，依然沿著非物質的道路，甚至脫離經驗去探索抽象的結構和模式。她的理論僅僅停留在馬克思所說的「解釋世界」的階段，因而帶有較多的文字遊戲的色彩。她的女性主義主張和對中國的浪漫化描述受到西方學者的批評。然而，瑕不掩玉，作為一位當代法國理論大師，克里斯多娃在符號學、後結構主義、女性主義、精神分析等領域頗有建樹，提出了許多原創性觀點。但由於篇幅所限，本書對她的精神分析法、解構主義策略、小說創作等方面未作深入的探討，這將留待今後去研究。

參考書目

中文部分

史忠義（2000），《20世紀法國小說詩學》。社
　　會科學文獻出版社。

方成（2001），《精神分析與後現代批評話語的
　　探討》。中國社會科學出版社。

讓—伊夫・塔迪埃著，史忠義譯（1998），《20
　　世紀的文學批評》。百花文藝出版社。

卡勒著，陸揚譯（1996），《論解構》。中國社
　　會科學出版社。

巴赫金（1992），　《杜斯托也夫斯基的詩學問
　　題》。三聯書店。

布萊恩・特納著，馬海良等譯（2000），《身體
　　與社會》。春風文藝出版社。

米歇爾・福柯著，佘碧平譯（2000），《性經驗

史》。上海人民出版社。

托多洛夫著,蔣子華譯(2001),《巴赫金、對
　　話理論及其他》。百花文藝出版社。

托里・莫娃著,陳潔詩譯(1984),《性別／文
　　本政治》。駱駝出版社。

約翰・斯特羅克編(1998),《結構主義以來》。
　　遼寧出版社。

李幼蒸(1996),《結構與意義》。中國社會科
　　學出版社。

李幼蒸(1999),《理論符號學導論》。社會科
　　學文獻出版社。

李幼蒸(2000),《形式邏輯和本體虛無》。商
　　務印書館。

拉康著,褚孝泉譯(2001),《拉康選集》。上
　　海三聯書店。

羅蘭・巴爾特著,　王東亮等譯(1999),《符
　　號學原理》。三聯書店。

瑪麗・伊格爾頓編,胡敏等譯(1989),《女權
　　主義文學理論》。湖南文藝出版社。

張京媛主編(1999),《後殖民理論與文化批

評》。北京大學出版社。

張京媛主編（1996），《當代女性主義文學批評》。北京大學出版社。

陸揚（1996），《德希達》。華中師範大學出版社。

特里‧伊格爾頓著，伍曉明譯（1988），《二十世紀西方文學理論》。陝西師範大學出版。

特倫斯‧霍克斯著，瞿鐵鵬譯（1997），《結構主義和符號學》。上海譯文出版社。

索緒爾著，高名凱譯（1985），《普通語言學教程》。商務印書館。

愛德華‧薩義德著，王宇根譯（1999），《東方學》。生活‧讀書‧新知三聯書店。

董小英（1994），《再登巴比倫——巴赫金與對話理論》，三聯書店。

理安‧艾斯勒著，程志民譯（1995），《聖杯與劍》。社會科學文獻出版社。

道格拉斯‧凱爾納著，張志斌譯（2001），《後現代理論——批判性的質疑》。中央編譯出

版社。

路易－讓‧卡爾韋著，車槿山譯（1997），《結
　　構與符號──羅蘭‧巴爾特傳》。北京大學
　　出版社。

穆斯達法‧薩福安著，懷宇譯（2001），《結構
　　精神分析學──拉康思想概述》。天津社會
　　科學院出版社。

英 文 部 分

Benjamin, Andrew E. etc. (1990). *Abjection,
　　Melancholia, and Love: The Works of Julia
　　Kristeva.*London and New York: Routledge.

Beauvoir, Simond de.(1974). *The Second Sex.*
　　trans.H.M.Parshley, New York:Vitnage.

Culler, Jonathan.(1975). *Structuralist Poetics:
　　Structuralism, Linguistics and the Study of
　　Literature*, London :Routledge and Kegan
　　Paul.

Derrida, Jacques.(1978). *Of Grammatology*,
　　trans. Gayatri Spivake. Baltimore: Johms

Hopkins University Press.

Doane, Janice L.(1992). *From klein to Keisteva: Psychoanalytical Feminism and the Search for the Good Enough Mother*. Michigan: Michigan University Press.

Drownfield, David.(1992). *Body/Text in Julia Kristeva: Religion, Women, and Psychoanalysis* Albany: State University of New York Press.

Eagleton, Mary edited.(1983). *Feminist Literary Theory: An Introduction*. Minneapolis: University of Minnesota Press, 1983.

Eagleton, Terry(1983). *Literary Theory: An Introduction*. Minneapolis: University of Minnesota Press.

Foucault, Mitchel(1970). *The Order of Things*. New York: Random House.

Foucault, Mitchel(1972). *The Archaeology of Knowledge*. trans.A.M.Sheridan Smith.

New York:Pantheon.

Kristeva, Julia(1980). *Desire In Language: A Semiotic Approach to Literature and Art*. trans. T.Gora, A. Jardine and L.S.Roudiez. New York： Columbia University Press.

Kristeva, Julia(1977). *About Chinese Women*. trans. A. Barrows. London: Marion Boyars.

Kristeva, Julia(1982). *Powers of Horror*. An Essay On Abjection. trans. L. S. Roudiez. New York: Columbia University Press.

Kristeva, Julia(1984). *Revolution in Poetic language*. trans. M.Waller. New York: Columbia University Press.

Kristeva, Julia(1987). *Tales of Love*. trans. L. S. Roudiez. New York: Columbia University Press.

Kristeva, Julia(1989). *Language :The Unknown: An Initiation into Linguistics*. trans. Anne M. Menke. New York: Columbia University Press.

Kristeva, Julia(1991). *Strangers to Ourselves.* trans. L.S. Roudiez. New York: Columbia University Press.

Kristeva, Julia(1993). *Time and Sense: Proust and the Experience of Literature.* New York: Columbia University Press.

Kristeva, Julia (1993). *Nations Without Nationalism.* trans. By Leon S. Roudiez. New York: Columbia University Press.

Kristeva, Julia(1995). *New Maladies of the Soul.* trans.by Ross Guderman . New York: Columbia University Press.

Kristeva, Julia(1996). *Julia Kristeva Interviews.* edited by Ross Mitchell Guberman. New York: Columbia University Press.

Lacan, Jasques(1968). *The Language of the Self: the Function of Language in Psychoanalysis.* trans. Anthony Wilden. Baltimore:John Hopkins University Press.

Lechte, John(1990). *Julia Kristeva.* London and

New York : Routledge.

Mitchell, Juliet (1975). *Psychoanalysis and Feminsim.* New York: Random House.

Moi, Toril (1987). *French Feminist Thought.* New York: Basil Backwill.

Moi, Toril (1986). *The Kristeva Reader.* Oxford: Black Publishers Ltd.

Moi, Toril (1993). *Sexual/Textual Politics: Feminist Literary Theory.* London and New York: Routledge.

Oliver,Kelly (1993).*Reading.Kristeva: Unraveling the Double-Bind.* Bloomington: Indiana University Press.

Oliver, Kelly edited (1983). *The Protable Kristeva.* New York: Columbia University Press.

Oliver, Kelly edited(1993). *Ethics, Politics and Difference in Julia Kristeva's Writing.* New York: Routledge.

Payne, Michael(1993). *Reading Theory: An*

Introduction to Lacan, Derrida and Kristeva. Oxford: Blackwell.

Said, Edward(1979). *Orentalism* . New York: Vintage.

Said, Edward(1993). *Culture and Imperialism*, New York: Knopf.

Showalter, Elaine, ed.(1985). *The New Feminsit Criticism.* New York : Pantheon.

Shelton, Pamela Kester(1996). *Feminist Writers.* New York.

Smith, Anna (1996). *Julia Kristeva-Readings of Exile and Estrangement.*New York: St Martin 's Press.

Spivak, Gayatri C. (1991). *Three Women's Texts: A Critique of Imperialism, Feminisms: Gender and Literary Studies.* eds. Diane Price Herndl and Robyn Warhol. New Brunswick : Rutgers University Press.

Toorov,T. (1997). *Introduction to Poetics.* London: Verso.

克里斯多娃　　　　　　當代大師系列 28

著　　者／羅婷
編輯委員／李英明‧孟樊‧陳學明‧龍協濤‧
　　　　　楊大春‧曹順慶
出　　版／生智文化事業有限公司
發 行 人／葉忠賢
登 記 證／局版北市業字第 677 號
地　　址／台北縣深坑鄉北深路三段 260 號 8 樓
電　　話／(02)86626826
傳　　真／(02)26647633
網址／http：//www.ycrc.com.tw
印　　刷／科樂印刷事業股份有限公司
初版二刷／2008 年 11 月
定　　價／新台幣：200 元
ISBN／957-818-408-5

國家圖書館出版品預行編目資料

克里斯多娃 ＝ Julia Kristeva / 羅婷著. --
初版. -- 臺北市：生智, 2002[民 91]
　面；公分. --（當代大師系列；28）
參考書目：面
ISBN 957-818-408-5（平裝）

1. 克里斯多娃（Kristeva, Julia, 1941-
　　）- 學術思想

146.79　　　　　　　　　　91010053